U0008254

GOBOOKS
& SITAK
GROUP©

New 新視野233
window

極簡心理學

5 位心理學大師的成長故事，
看見精神分析的思想亮點

月半彎——著

高寶書版集團

寫在前面的話

從進入心理學系讀書那天起，很多人問過我：「我想學點心理學，推薦幾本書吧。」以前我會推薦一些自以為通俗易懂的書籍給他們，但一段時間之後，他們還會來找我：「你推薦的書有點難，有沒有簡單一點的？」

每當這個時候，我都十分無語，因為我是個讀不進大部頭的人，那幾本書在我看來已經是非常通俗易懂了……

想想也是，現在的社會節奏飛快、壓力太大，忙了一天回到家裡有點看書的欲望已著實不易，要他們再去啃幾本大部頭，實在是強人所難了。

於是我逐漸萌生了寫一套大家都看得懂的心理學科普書籍的想法。

那麼問題來了，寫什麼？二〇一七年春節後，我開始構思這套書的框架，經過幾個月的糾結，決定以各個心理學派的大咖為主線，透過介紹他們的生平、經歷和主要觀點，讓讀者大概地了解心理學領域有哪些主要的流派、主要的大咖、主要的理論。

當我和幾個朋友談起這個想法的時候，有位兄弟提出：這本書的目的是推廣心理學基本理論知識，只要介紹一下各個流派的基本理論就可以了，為什麼要花那麼大的功夫去寫心理學家的生平？

這個問題讓我小小地糾結了兩秒鐘，另一位朋友立刻跳出來反對，而且反對的理由讓所有人都閉上了嘴：要了解一個心理學家的理論，就必須要去了解他的生平，因為每一個心理學家的理論中，都無可避免地帶有個人成長的烙印。

這是句天大的實話！

榮格因為受到神學（外公）和科學（爺爺）的雙重影響，最終走上了精神醫學的道路，在一生之中對靈異現象極其熱衷，所提出的一系列理論觀點都自帶濃濃的仙氣。

阿德勒因為身體缺陷的自卑，提出了自卑感、補償作用、追求優越等個體心理學的核心概念。

艾瑞克森早年因為生父問題、種族問題、職業選擇問題飽受心靈的折磨，早早親身體驗了青少年的心理危機，提出了「自我認同」和「八大心理危機」理論。

荷妮，則因為從小生活在高強度焦慮的家庭並深受其害，最終提出了「基本焦慮」和「基本敵意」的概念。

本書的具體內容，更偏向人格的發展。在當今的社會，推廣心理學基本知識是一件十分迫切的事情，而其中最迫切的，是人格的形成與發展。

近年來，因為經濟、社會快速發展以及隨之而來的一系列問題，社會壓力空前巨大，心理異常發生率一路走高。而心理異常的發生，除了環境因素以外，則和人格異常息息相關。而人格異常，大多由早年的教育、教養方式不當所引起。

我的一位老師問我：這本書你最希望給什麼人看？我想了想告訴他：小朋友的家長（或準家長），幼稚園、小學的老師。因為人格心理學最基本的原理，就是在嬰幼兒時期給予孩子良好的教養和科學的教育，這才是孩子一生受用不盡的財富。

很多父母、老師由於不了解基本的心理學原理，儘管對孩子很有愛心，也很負責，但是很多時候在給予孩子教養和教育上，都沒有按照甚至違背孩子身心發展的基本規律。這些不當的教養和教育方式所造成的影響是人格層面的，儘管一時不會顯現，但當孩子將來走上社會，遇到壓力、經歷挫折的時候，後果就會表現出來。

二〇一七年五月開始動筆，整整一年半時間過去，計畫中的第一冊書基本完稿，本冊書介紹了精神分析學派的五位大咖級人物的生平和主要觀點：西格蒙德·佛洛伊德、卡爾·榮格、阿爾弗雷德·阿德勒、愛利克·艾瑞克森、卡倫·荷妮。

請各位讀者多多批評指正。

月半彎

二〇一八年十月二十九日

目錄
CONTENTS

1

西格蒙德・佛洛伊德

佛洛伊德生平

西格蒙德・佛洛伊德

西格蒙德・佛洛伊德，生於一八五六年，卒於一九三九年，享年八十三歲。

奧地利籍猶太人，知名醫師、精神分析學家，現代心理治療技術開創人，被譽為「精神分析學之父」，二十世紀最偉大的心理學家（之一）。

在正式開講佛洛伊德和他的精神分析理論之前，我想先講講猶太人，因為要講精神分析，猶太人實在是個注定無法繞過的名詞。

精神分析學派的宗師級人物佛洛伊德、安娜・佛洛伊德、榮格、阿德勒、艾瑞克森、卡倫・荷妮、佛洛姆、科赫特，這一連串響噹噹的名字裡除了榮格以外統統都是猶太人……

除了精神分析學派的這一串名人大咖，人本主義學派的開山祖師馬斯洛，也是猶太人。不光在心理學領域，在其他方面猶太人也是十分厲害。一句話，就是個非常強的民族。

猶太人號稱擁有這個星球上最高的智慧，但卻命運多舛。

西元前七二三年被亞述人滅國，在此後兩千多年裡，故土之上巴比倫人、庫爾德人、希臘人、羅馬人、阿拉伯人連番稱霸登場，猶太人被迫流散於世界各地，受盡歧視與欺壓，經歷了多次排猶浪潮和慘無人道的屠殺。

猶太人之所以不招人喜歡，大致有以下幾個原因：

1.很多西方基督徒認為猶太人是猶大（三十塊錢把耶穌賣了的那位）的後裔。雖然說猶太和猶大只差了一點，但真是一個純屬瞎扯的說法，因為耶穌的十二個門徒，包括耶穌自己都是猶太人。

2.猶太人太會賺錢了，他們靠著經商和資本營運累積巨額的財富，甚至被冠上了「奸商」和「放高利貸」的頭銜，久而久之就成了仇恨、發洩的對象和極端分子攻擊的目標。

3.樹大招風——占有巨額的財富，又缺乏保衛自己的手段，所以經常成為戰爭狂人的提款機，比如希特勒。

儘管命運多舛，但強大的宗教信仰和民族精神使猶太民族沒有被消滅，更沒有被同化。

一九四五年，他們在敵國環伺的故土重新建國，經過四次戰爭，終於在中東站穩腳跟，並成為中東地區最強大的國家。這個國家的名字，叫以色列。

兩千多年始終堅持著同一個信念，並且最終成功，不得不說這是一個偉大的民族。

人類自尊的三次重大打擊

有人說，人類的自尊在近代受到過三次致命打擊，分別被三位大神各捅一刀，按照出場的順序，佛洛伊德排在最後一位。

排第一的，叫哥白尼。

哥白尼說：地球並不是宇宙的中心，太陽才是。

人類高傲的自尊碎了一地（儘管說得也不對）。

這項打擊還沒恢復過來，達爾文跳出來了：人類根本不是什麼高貴、獨一無二的動物，是猴子進化來的，猩猩、狒狒、金絲猴之類的，全是我們家親戚！

剛碎了一地的自尊，成了玻璃渣。

多說一句，佛洛伊德的偶像之一正是達爾文。佛洛伊德的學說，或多或少地受到了達爾文的影響，這些後面再說。

沒過幾十年，佛洛伊德閃亮登場：人類的行為動機，沒你想的那麼高貴，

哥白尼

達爾文

都是本能的慾望在支配，人不過是本能的奴隸罷了。

一個建築工程師，耗盡畢生的精力，設計建造了一棟全世界最雄偉的高樓。但經過佛洛伊德的精神分析，這一切的動力，竟然是來自對自己某零件尺寸的極度自卑感……

天資聰穎

一八五六年，佛洛伊德出生於奧地利弗萊堡（現屬於捷克），父親是一位商人，他出生的時候，父親四十一歲，母親二十一歲。

佛洛伊德從小就十分聰明，深受母親喜愛，和母親的關係非常親密。但是和父親的關係比較緊張，經常受父親管教。

據說他曾經偷偷溜進父母的臥室，現場觀摩父母的性愛，結果被父親發現，被揍了一頓！後來又在父母的臥室裡撒尿，又被揍了一頓，父親為了這件事聲稱「這猴囝仔八輩子都沒出息」。

不知道這和後來他提出伊底帕斯情節——認為每個男孩子都有幹掉老爸，和老媽結婚的慾望是不是有一定的關係。

佛洛伊德四歲的時候，全家遷居維也納——當時歐洲格調最高的城市之一。在這個充滿文化氣息的城市裡，佛洛伊德以失學兒童的身分，度過了不怎麼快樂的童年時光，在中學之前一直在家裡接受父母（半文盲）的教育，據說教材只有一本——《聖經》。

一八六五年，輟學數年的佛同學靠著驚人的天資和不懈的努力，以優異的成績考進了明星中學。

佛同學不光成績優秀，在課外也涉獵廣泛，無書不讀，文史哲數理化無一不通。佛同學透過大量的課外閱讀，豐富了內心世界，開闊了視野，為日後的發展奠定了深厚的基礎。

孩子一定要多讀課外書，孩子一定要多讀課外書，孩子一定要多讀課外書。

重要的事情說三遍！

在自然科學方面，佛同學對達爾文的進化論非常感興趣，這大大影響他後來提出的精神分析理論。佛洛伊德傾向於用生物性本能來解釋人類社會和人類行為，在某種程度上，是用另一種理論向自己的偶像致敬。

除了涉獵廣泛，佛同學在語言方面也很有天分，通曉八國語言：德語、拉丁語、希臘語、法語、英語、義大利語、西班牙語、希伯來文。

一心向學

一八七三年，中學畢業後，佛同學進入維也納大學醫學院，開始學習醫學。

其實佛同學感興趣的是政治和軍事，但是在當時的奧地利，作為一個猶太人，可選擇的職業並不是很多。

對他來說，這是一個無奈的選擇。

正是這個無奈的選擇，讓世界上少了一位政客或將軍，而多了一位偉大的心理學家。

進入大學之後，佛同學沒有談戀愛，也沒有參加學生會和社團，反而是比中學時更努力地念書，選修了大量的課程。

天資聰穎倒也罷了，還比我們更努力，他不成功誰成功。

這裡要特別提一下，在維也納大學，哲學是所有專業學生的必修課。佛同學的哲學老師，是個超級名人大咖——著名哲學家、心理學家，意動心理學的創始人布倫塔諾。佛洛伊德從布倫塔諾那裡學到了很多東西，在一定程度上影響了後來精神分析理論的提出。

布老師的課講得很精彩，佛同學學到了不少東西，開始對哲學狂熱，於是大量購買哲學書籍，但是佛同學的爸爸生意不景氣。一

布倫塔諾

邊要買書，一邊沒有錢，衝突產生了，關係很緊張。

緊張歸緊張，該買的書還是買了，佛同學閱讀了柏拉圖、萊布尼茲、赫爾巴特、費希納、尼采、叔本華等人的著作和觀點，為後來提出的精神分析理論提供了思想泉源。

在這裡我們要感謝佛同學的爸爸，要是他澈底切斷佛同學購書的經濟來源，那麼今天的心理學可能就是另外一番模樣了。

再窮不能窮教育，再苦不能苦孩子，至理名言！

讀書期間，佛同學師從恩斯特·布呂克，如果你不是研究生理學的，你只需要知道這是個很厲害的人就行了。

布呂克老師視佛同學為得意門生，不光傳授佛同學科學知識和科研技能，還培養了他嚴謹、踏實的科研作風。

布呂克老師改變了佛同學興趣廣泛、遍地開花的學習風格，讓佛同學把精力集中到神經生理學方面。另外，在生活上也提供佛同學很多的幫助和指導。

布呂克老師的「一切有機物的活動都是力的結果」的學術觀點，也是大大影響了佛洛伊德的精神動力理論——精神分析理論中極其重要的概念「驅力」一詞便來源於此。

在讀書期間，佛洛伊德取得的成就如下：

證明了低等生物的脊髓神經結構和高等動物一致。

撰文描述了神經細胞的構造，為神經元的理論奠定了基礎。研究人腦的延髓部分，釐清了脊髓和小腦之間的種種聯繫。……

佛同學的這些研究成果，基本上是以一系列的精華向自己的偶像達爾文致敬。

一八八一年，佛同學完成了學業，拿到了博士學位。

知識補充小帖：意動心理學

意動心理由德國心理學家布倫塔諾創立。所謂的意動，顧名思義就是意識的活動。與之對立的，是以科學心理創始人馮特老師為代表的內容心理學。

馮老師認為心理學的研究對象是感覺、情感等心理或意識的內容，而布教授則認為心理學的研究對象是心理或意識的活動。

舉個例子，布老師和馮老師一起走在大街上，看到一個金髮飄飄的美女，二人均為之驚豔不已。

在這個過程中，美麗的形象和驚豔的感覺是意識的內容，而看到美女並產生驚豔的感覺這個心理活動則是意動。

隨後馮老師衝進實驗室，透過一系列巧妙設計的心理學實驗，對「驚豔」這個心理感受中包含的心理要素進行分析，並推斷出這些要素是如何組合在一起。這就是內容心理學的主要研究手段：實驗內省法。

而布教授則會把自己關在書房裡，仔細地琢磨「驚豔」的每個心理活動，並仔細回憶馮老師當時的反應細節，最後推斷出「驚豔」這個心理感受產生的全部心理活動過程。這就是意動心理學的主要研究方法：內省法與觀察法。

意動心理學與內容心理學的分歧是心理學界的第一次學派分裂，開創了隨後的構造主義和機能主義對立的先河，對二十世紀的心理學影響巨大。

佛洛伊德的精神分析理論在一定程度上也受到了布倫塔諾的影響。

懸壺歲月

醫學院畢業後，佛博士本打算繼續從事神經生理學研究工作，但是研究工作的收入是非常微薄的。儘管當時佛博士已經二十六歲，但還在靠老爸接濟（老爸也很窮）。

也就是說，他是個標準的啃老族。

雪上加霜的是，佛博士戀愛了，愛上了一個叫瑪塔．貝爾納斯的女孩。貝爾納斯出身名門望族，貌美如花，氣質高雅，女神一枚。佛博士也不惶多讓，英俊瀟灑，學識淵博，又會討女孩子歡心（據說佛洛伊德一生中寫過一千多封情書給貝爾納斯）。

但英俊、淵博和情書不能當飯吃，一人吃飽全家不餓的瀟灑時代已經過去，努力賺錢娶老婆的日子到來了。

出於生活和丈母娘的雙重壓力，佛博士放棄了神經生理學研究，到維也納醫院當了一名實習醫生。在三年的時間裡，佛博士接觸了醫院裡的各個科室，但他最感興趣的，當然是精神科。

正是這個職業轉換，讓佛博士獲得了寶貴的臨床經驗，為日後的精神分析研究積累了大量的素材。

在這段時間裡，佛博士遇到了好友——布洛伊爾，布洛伊爾是佛洛伊德的學長，知名生

佛洛伊德和貝爾納斯

理學家、精神科醫生。二人在布呂克教授的研究所認識，相見恨晚，迅速成為好友。

正是和布洛伊爾有合作的治療案例，佛洛伊德打開了通往精神分析世界的大門，這些後面再展開。

在這裡發生一個不大不小的意外，佛博士在精神科工作期間，進行了一系列關於古柯鹼的研究，發現古柯鹼具有較好的麻醉特性，可用於外科手術的麻醉。

後來出事了，一個朋友上了癮，向上帝報到去了。請謹記：珍愛生命，遠離毒品。

這也是佛洛伊德人生中的汙點之一。

醫院實習工作結束的時候，在恩師布呂克教授的幫助下，佛博士獲得了一筆獎學金。

布洛伊爾

馬丁・沙可

佛博士拿了獎學金之後，並沒有請全班同學吃飯，而是用來實現自己的願望——去巴黎和神經病理學家馬丁・沙可學習催眠。

馬丁・沙可是當時歐洲著名的神經病理學家，巴黎催眠學派的創始人，在癔症[1]的治療和研究方面頗有名氣。

佛博士在巴黎待了四個月，正是這四個月，使得他的興趣從生理轉到心理，成功地從一個神經病理醫生，轉型成為精神病醫生，就此開始在大咖的道路上一路狂奔！

一八八六年，佛博士開設了自己的診所，並於同年搞定了丈母娘，迎娶了心愛的女孩。像童話故事裡寫的那樣，從此之後，兩個人在一起過著幸福、快樂的生活。

初窺門道

一八八二年，佛博士在和好友布洛伊爾共事時接觸了一個案例，打開了通往精神分析世界的大門。

這個案例就是安娜．歐，如果你是個普通讀者，不知道此人沒關係；但如果你是精神醫學或異常心理學專業的，我就要懷疑你的畢業證書是不是在火車站買來的。

安娜．歐是一個二十一歲的漂亮女孩，布教授的病人，具體的症狀有：半邊身子癱瘓、

1 癔症，傳統中醫的說法，亦即歇斯底里症。

不能用母語講話、間歇性意識不清、不能喝水等。

經過布教授檢查，歐妹子生理上一切正常，遂診斷為癔症。

在多種治療方案均告無效之後，布教授使用了當時很流行的催眠療法。

布教授發現，安娜·歐進入催眠狀態以後，會講出很多清醒時不記得的事情，並能表現出當時的情感體驗。催眠治療結束後，所講述的內容所涉及的症狀會暫時消失，請注意「暫時」兩個字。

舉個例子，安娜·歐的其中一個症狀不能喝水，只能靠吃水果來補充水分，這個症狀持續了一個多月。在進入催眠狀態後，她回憶起了原因：在很小的時候，有一天她走進她很討厭的家庭教師的房間，看見她的狗在玻璃杯裡喝水，很噁心！但是由於尊敬師長，她只好選擇沉默。

在催眠狀態下，恢復了這段回憶，並宣洩了負面的情緒體驗，這個症狀便暫時消失了。

透過安娜·歐的案例，佛博士有兩個發現。

第一，症狀的背後，是被遺忘了的精神創傷在作怪，但這些創傷被壓抑了，患者無法意識到。

第二，透過技術手段（催眠），讓患者回憶起精神創傷，並宣洩掉被壓抑的情感，症狀即可消失或緩解。

這兩個發現，為佛博士打開了通往精神分析世界的大門。

後來佛博士發現了催眠療法的問題——治療效果很難鞏固，有的時候僅僅是緩解，而且有很多人根本無法接受催眠。

另外，據說佛博士本人的催眠技術不好，於是放棄了催眠術，開始使用按壓技術。所謂按壓技術，就是讓患者坐在躺椅上，全身放鬆，然後用手按在患者的腦門上，催動內力，讓患者逐漸想起一些和症狀有關的經歷。

開個玩笑，佛博士不是武林高手，內力是沒有的，這是一種心理暗示。我想如果病人不嫌有味道，用腳丫子的效果也是一樣的。

後來佛博士發現有的病人無話可講，就要求病人隨時將腦海中浮現的想法說出來，不管這些想法有多麼荒謬、多麼猥瑣、多麼齷齪、多麼難為情、多麼……反正想到什麼就說什麼。然後從病人的信口胡言中抽絲剝繭，找出引起症狀的原因。

這就是自由聯想技術——精神分析誕生的標示。

一八九五年佛博士和布洛伊爾合作出版了《歇斯底里的研究》，此書奠定了精神分析的理論基礎，標示著精神分析正式登上歷史舞台。

著書立說

一九〇〇年，在長期的自我分析之後，佛洛伊德的巨著《夢的解析》出版，這本巨著一八九九年就已完稿，但佛洛伊德認為這是一本「偉大的巨著」，應該和新世紀一起到來。出版之後銷量十分驚人——在長達六年的時間裡，賣出了三百五十一本。

當然，這並不妨礙本書成為精神分析歷史上里程碑式的巨著。

在書裡，佛洛伊德第一次用理性的思路論述了夢形成的原理，討論了意識的結構和運作機制。認為夢並非是毫無意義的，提出了夢是被壓抑慾望的滿足這個全新的觀點。

《夢的解析》出版後，佛洛伊德開始將注意力轉移至日常生活中的口誤、遺忘、筆誤等過失現象。

一九〇四年，《日常生活的精神分析》出版，這一次銷量驚人，這回是真的驚人，沒有促銷就大賣特賣！

佛洛伊德在書中探討了日常生活中的一些小錯誤，認為許多看似偶然的行為，以及看似意識主導的舉動，其實都是人們沒有意識到的、隱密而矛盾的慾望所驅使。具體地說，是由於對潛意識監管不當，而產生的潛意識對意識的干擾。

比如說一位老闆在某個大會的開幕式上發言：「我代表××，預祝本次大會順利閉幕！」按照佛洛伊德的解釋，這老闆在潛意識裡是巴不得這次會議儘快結束。

《日常生活的精神分析》是佛洛伊德所有著作中最「乾淨」，也最通俗易懂的一本。在本書中，佛洛伊德盡可能避免「涉性」的題材，而使用了大量日常生活中比比皆是的現象，並且運用通俗易懂的寫作手法，把看似深奧的精神分析以一種草根的方式呈現給了世人。

大部頭的理論書籍是沒有市場的，要銷量，還是得走群眾路線。

一九〇五年是個盛產的年頭，在這一年，佛洛伊德發表了《朵拉的分析》、《玩笑及無意識的關係》和《性學三論》，其中最後一本是極富爭議的。

在此書中，佛洛伊德提出了「嬰兒性慾」的概念，佛洛伊德認為，人類在嬰兒期就存在性慾，成人的心理異常大多是由於嬰兒期的性滿足方式出了問題。

在此之前，佛洛伊德曾多次向同行們推薦自己的理論和治療方法，但是除了被視作怪人之外，並沒有得到過多的關注。

這下好了，十年窗下無人問，一舉成名天下知！

佛洛伊德立刻成了科學界的異類和公敵，形象也一下子變得鮮明無比——滿腦子性的淫棍。就像田伯光[2]同學在江湖上人人喊打一樣，佛洛伊德也受到了差不多的待遇。

2 金庸小說下的邪派人物，人稱採花大盜。

諸多朋友和學術夥伴紛紛和佛洛伊德劃清界限，包括曾經的好友——布洛伊爾。後來甚至自己最看重的弟子都因為不認同這個觀點而和佛洛伊德分道揚鑣，包括榮格和阿德勒。

其實淫棍之說，純屬瞎扯，佛洛伊德是個比較專情的人，在個人作風上也是比較正派的，至少比榮格同學正派得多。

佛洛伊德對批評者及攻擊者並沒有做出特別的反應，就像他的偶像達爾文當年所經歷的一樣——進化論剛問世的時候，所受到的待遇和佛洛伊德大抵相同。佛洛伊德選擇了不斷地進行深入研究，不斷地發表新的證據來回擊批評和謾罵。

一九一三年，《圖騰與禁忌》出版，這本書的重要性僅次於《夢的解析》。佛洛伊德透過對亂倫恐懼、情感矛盾等許多特徵的研究，發現了兒童和原始人在心理上的很多共同特徵，並聲稱自己發現了三大真理：夢是無意識慾望和兒時慾望偽裝的滿足；伊底帕斯情結是人類普遍的心理情結；兒童具有性愛意識和動機。

一九一五年，第一次世界大戰爆發，因為戰爭，診所生意冷清，佛洛伊德有了大量的時間用來寫作，一口氣發表了《精神分析運動史》、《米開朗基羅的摩西》、《對戰爭與死亡時期的思考》和另一部重要的著作《精神分析導論》。

一戰結束後，佛洛伊德創辦了一家出版社，當起了老闆，專門用來發行精神分析學方面的雜誌和書籍。同年，《超越快樂原則》出版，受到剛剛過去的一戰的影響（兩個兒子都上了戰場，一個外甥陣亡，佛洛伊德很焦慮），佛洛伊德提出了著名的生本能和死本能理論，認為戰爭是人類的死本能外化的結果。

隨後，佛洛伊德又出版了《群體心理學與自我的分析》和《自我與本我》。在《自我與本我》中，佛洛伊德從意識層次理論基礎，提出了精神分析學的重要理論——人格結構理論：本我、自我及超我。

一九二五年，《抑制、症狀和焦慮》問世，該書是《自我與本我》的延伸，佛洛伊德在書中論述了焦慮和恐懼的性質及來源：本我、自我及超我的衝突。

一九二七年，佛洛伊德撰寫了《一個幻覺的未來》一書，用嚴謹的理論和思路，對各主流宗教進行了深刻的剖析，提出了一個讓宗教人士無比噁心的結論：一切宗教都是人類戀母情結的衍生物。

一枚碩大的炸彈，扔進了宗教的坑。

一九二九年，又一枚大砲彈問世——《文明及其不滿》，在這本書中，佛洛伊德分析了很多人類社會的根本性痼疾，再一次在人類自尊的傷口上，撒下了一大把鹽巴。

學會誕生

隨著《夢的解析》的出版，佛洛伊德的大名開始在江湖上流傳。儘管此書前期銷量不多（三百五十一本），絕大部分是因為書籍的定位——過於偏重理論所造成。

但是買了書的，都是識貨的，在幾百名讀者中，不乏一些和佛洛伊德志同道合的厲害人物，於是經常有一些同道中人來到維也納，和佛洛伊德做深入的探討。漸漸地，佛洛伊德身邊開始有了一批穩定的追隨者，這其中就包括後來叛教出門，創立個體心理學的阿德勒。

佛洛伊德在四大護法之一——斯泰克爾的建議下，決定每週三晚上，在診所召開精神分析研討會，不知道是出於低調（被罵怕）還是貪圖省事，這個研討會就叫「星期三心理學會」。

時至今日，很多精神科醫生、心理諮商師，甚至心理學專業的學生，依舊喜歡在星期三晚上開會，這也算是對祖師爺的致敬。

一九〇二年，「星期三心理學會」正式開張，迅速躥紅，一大批對精神分析感興趣的學者來到了佛洛伊德的診所，據說當時每週三晚上診所的人氣，堪比黃金週之故宮。

四年之後，一九〇六年，一個佛洛伊德最為看重，後來卻相愛

阿爾弗雷德・阿德勒

相殺的人——卡爾．榮格走進了佛洛伊德的診所。

榮格在追隨佛洛伊德之前，就已經是知名的精神科醫生，來到了佛洛伊德門下之後，迅速成了精神分析學派中的第二號人物。

佛洛伊德對榮格無比器重，倒不全是因為榮格的學術水準，絕大部分是因為榮格的血統——雅利安人。

如果你不知道雅利安人是什麼，我只要告訴你此民族中的一個極品人物——阿道夫．希特勒。

在榮格加入之前，佛洛伊德的追隨者基本上都是猶太人，在當時的歐洲，猶太人是受到歧視的民族，所以佛洛伊德的觀點也被認為是「猶太人精神缺陷的產物」。

而「高貴」的瑞士籍雅利安人的加入，標示著精神分析理論不只屬於猶太人，不只屬於奧地利，而是屬於全人類，屬於全世界。

事情的發展沒有讓佛洛伊德失望，在隨後的幾年內，大量來自世界各地的學者來到診所，並把佛洛伊德的學說帶回自己的家鄉。

佛洛伊德的組織終於開始在歐洲大陸開枝散葉。

一九〇七年，瑞士人榮格創立蘇黎世精神分析學會。

一九〇八年，德國人亞伯拉罕創立柏林精神分析學會。

卡爾．榮格

之後，匈牙利、英國、美國的分支機構紛紛成立。

一九〇八年，「星期三心理學會」更名為「維也納精神分析學會」，佛洛伊德任學會主席。

同年，第一屆國際精神分析大會召開，天下佛氏門人齊聚薩爾斯堡，心理分析學派就此揚名江湖。

美國之行

一九〇九年，美國克拉克大學成立二十週年，應校長霍爾（「青少年的風暴」那位，後面會提到）的邀請，佛洛伊德前往克拉克大學。

據說霍爾的首選是現代心理學的創始人——馮特，但馮老師沒興趣，於是找到了佛洛伊德。

佛洛伊德帶著榮格來到了美國，在克拉克大學禮堂舉行了自己精心準備的心理分析講座，有條理地闡述了自己的理論和觀點，觀眾席上不時爆發出熱烈的掌聲。

佛洛伊德的美國之行獲得了巨大的成功！

當時台下的聽眾裡，有兩個名氣和地位都不亞於佛洛伊德的超級大咖——科學心理學派的鐵欽納和功能主義大師詹姆斯。

鐵欽納聽了一會兒，什麼狗屁玩意！拍拍屁股，走了。

詹姆斯帶病而來，卻聽得入了迷，一聽就是一整天。

美國之行對佛洛伊德、對精神分析學都是一個至關重要的轉折點。在克拉克大學的演講，使得佛洛伊德摘掉了「江湖郎中」的大帽子，精神分析理論開始進入大學，並被很多學者所接受，精神分析學得到了廣泛的傳播。

學派分裂

在武俠小說中，一個幫會發展壯大之後，總會有些人叛教出門，另立門戶。

在精神分析學蓬勃發展，佛洛伊德的聲望也日益高漲的同時，學派內部也開始醞釀著一系列分裂。

歸根結底，是因為佛洛伊德太強勢，不容許學會成員有不同的意見。據說佛洛伊德在小時候就極為爭強好勝，每當與玩伴（其實是親姪子）意見相左的時候，總是鍥而不捨地爭辯，直到在精神上幹掉對方為止。

在佛洛伊德的理論體系中，有一個禁區是絕對觸碰不得的——所有的心理異常都是性壓抑的產物，誰碰誰滾蛋。

阿德勒說：「人不是為性而生的動物，人格的成長與心理異常的產生和性關係不大，是由自卑感帶來的追求卓越的動機所推動。」

於是，阿德勒默默地捲起了鋪蓋……

一九一一年，阿德勒辭去維也納精神分析學會會長的職務，創立了個體心理學。

榮格說：「心理異常是環境適應不良的結果，而不是意識與無意識的衝突。」

一九一四年，榮格也離開了佛洛伊德，創立了分析心理學。

除了榮格和阿德勒，好友布洛伊爾、費萊斯、斯泰克爾等人也先後離開佛洛伊德。

學霸作風著實要不得！

對於佛洛伊德，學派的分裂和同事的背叛是件非常悲痛的事情，但是對心理學的發展來說，卻值得所有從業者和愛好者一起鼓掌慶祝。

離開之後，他們對佛洛伊德的理論進行了改良和發展，並提出了自己的理論體系。

正是因為如此，今天的心理學才如此精彩。

英雄遲暮

一九二三年春，佛洛伊德患了口腔癌。

佛洛伊德是個超級菸槍，酷愛雪茄，每天抽兩打。據說「星期三心理學會」第一次討論的課題就是「論雪茄的重要性」。

根據佛洛伊德自己的理論，這是典型的口腔期不滿足，但佛洛伊德拒絕承認這一點，按他自己的話說，有時候，雪茄就是雪茄。

一九二三年到一九三九年，佛洛伊德做了很多次手術，為了根治，甚至切除了一側上顎，裝上假牙。

但佛洛伊德對生死看得很淡，在這段時間內，佛洛伊德依舊筆耕不輟，並有大量著作問世。

一九三三年，狂熱的納粹分子在柏林的廣場上公開燒毀佛洛伊德的著作。

一九三九年，二戰爆發，德軍占領維也納。在病人兼學生瑪麗．波拿巴公主的幫助，以及美國總統羅斯福的施壓下，佛洛伊德離開生活了近八十年的維也納，來到了英國。

值得一提的是波拿巴公主，拿破崙的後人，本來是佛洛伊德的女病人，因為性冷感找佛洛伊德治療，沒有治好，很沒面子，乾脆收下來當了女徒弟，研究方向——性冷感。

正是這位女徒弟，為佛洛伊德繳納了避難稅，佛洛伊德才得以死裡逃生。後來他的四個兄弟姐妹，和無數的猶太人一樣，全部死在了納粹的毒氣室裡，可是佛洛伊德並不知道這一切。

來到英國一年後，佛洛伊德因為口腔癌復發離世，一代大師與世長辭。

是非功過

在諸多心理學大師中，佛洛伊德未必是最偉大的，但無疑是最富爭議的。支持者視其為偉大的心理學家和學術領袖。反對者視其為擺弄偽科學的江湖騙子。但是有一點，無論是支持者還是反對者，都公認佛洛伊德的影響力。

佛洛伊德開創的精神分析理論，不光深刻地影響了心理學、哲學和醫學的發展，在其問世後的短短一個世紀裡，也迅速滲透至人類社會的各個層面，包括文學、藝術，以及人們看待自己的方式。無數的文學家、藝術家從佛洛伊德的理論中得到了無窮無盡的靈感，創做出大量的優秀作品。

在心理學的夜空中，佛洛伊德不是最著名的那顆星星，卻是最明亮的那一顆。

將門虎子

佛洛伊德和貝爾納斯生了六個孩子，三男三女，六六大順。

安娜是老么（最小的），是六個孩子中唯一一個繼承了佛洛伊德衣缽的，也是唯一一個一直陪在佛洛伊德身邊，直到佛洛伊德生命盡頭的。

一八九五年十二月，安娜．佛洛伊德出生於維也納。

在這之前，佛洛伊德已經有了三子兩女。當時的佛洛伊德尚未成名，靠一個人的收入養活一大家子，壓力可說之大。

請注意，是一大家子，不是一家子——除了自己一家子還有老爸老媽和三個妹妹。

那段時間佛洛伊德的身體也不是很好，整個人都比較抑鬱，用他自己的話來說：力必多（性慾）非常微弱……

但是老婆又懷上了。

安娜．佛洛伊德

和基督教一樣，在猶太教的教義中，墮胎也是十惡不赦的事情，就這樣，懷胎十月，小安娜來到了人世。

成年之後，安娜一直認為，如果那個時候能在便利店裡買到某種節育用品，自己十有八九是不會來到這個世界的。

◆並不快樂的童年

安娜作為家裡最小的孩子，童年應該是十分幸福的，但是在她的記憶中卻並不美好。

原因主要在於她的二姐蘇菲。

蘇菲出生於一八九三年，比安娜只大兩歲，家裡有兩個女兒的同學應該深有體會，這樣的兩個小妞在一起，不爭風吃醋才是見鬼了。

安娜和蘇菲從小就互相嫉妒，互相競爭，在安娜眼裡，姐姐蘇菲就是個花瓶，空有一張好臉蛋，腦子卻笨得要死。

這種嫉妒無處不在，甚至連名字都要拿出來比一比，安娜認為，蘇菲的名字一聽就是個小公主，而自己的名字則是菜市場名。

這個問題，最後以佛洛伊德成功擔任和事佬方式宣告解決：

「閨女啊，你的名字才是最特別最獨一無二的，你看，倒著念（ANNA）也一樣……」

在安娜的記憶中，父母比較偏愛蘇菲，對自己則比較冷落，經常帶蘇菲出遊而把自己留在家裡。

事實確實如此，但是真正的原因是蘇菲身體不好，需要更多的照顧。

蘇菲的身體一直很差，二十八歲就去世了，蘇菲去世後，安娜對自己進行了分析，認為自己那時或許是為了贏得父母的關注，獲得更多的愛，才會與姐姐的關係對立。

也正是自己幼年時期的心路歷程，讓安娜對兒童的內心世界有了濃厚的興趣，因此後來走上了兒童精神分析的道路。

◆佛洛伊德的吉祥物

儘管安娜認為自己的出生不討喜，但是對佛洛伊德來說，安娜卻是個吉祥物般的存在，因為和安娜一起來臨的，還有佛洛伊德事業上的好運氣。

正是在安娜出生的這一年，佛洛伊德開始了自我分析，並出版了《歇斯底里的研究》。

這是一本在精神分析學歷史上具有重要地位的著作，此書的出版奠定了精神分析的理論基礎。

在此之後，佛洛伊德的事業走上了正軌，一本又一本著作不斷問世，名氣和地位也一路水漲船高。

在佛洛伊德看來，伴隨著安娜一起來到這個家庭的，還有屬於自己的好運。

所以儘管安娜的出生不在預期內，但佛洛伊德還是非常開心。

安娜小的時候，佛洛伊德非常繁忙（忙著寫《夢的解析》），但只要有時間，佛洛伊德都會帶安娜出去度假；在寫給朋友的信裡，也毫不掩飾對安娜的喜愛；在佛洛伊德的日記中，安娜出現的頻率也遠遠高於其他孩子。

◆精神分析的啟蒙

一九〇一年，安娜進入了一所私立學校，和無數的孩子一樣，安娜的學校生涯並不是十分愉快，經常為了上學而焦慮萬分，在後來的歲月中，她曾不只一次地抱怨自己的學校生活是多麼糟糕透頂。

好在安娜對讀書和寫作比較感興趣，尤其喜歡一些天馬行空的虛構讀物，因為她骨子裡就是個熱愛做白日夢的人，以至於她後來加入精神分析學會的時候提交的論文題目就是《打敗幻想和白日夢》。

十四歲的時候，安娜開始閱讀老爸的精神分析著作，不久之後獲得了佛洛伊德的許可，每週三列席旁聽他們的討論會（坐在樓梯上）。

儘管只是列席，安娜還是獲得了精神分析世界的啟蒙，和父親的一票同仁——後來精神分析領域的諸位權威的接觸，也讓她受益匪淺。

所謂近水樓台先得月，所謂世上只有爸爸好，所謂我爸是老佛。

一九〇九年，佛洛伊德受邀訪美，安娜本想和佛洛伊德一同前去，但未能成行。

一九一二年，十七歲的安娜中學畢業，因為對未來的迷茫，情緒上出了一些問題，患上了輕微的憂鬱症和厭食症，在佛洛伊德的安排下到義大利西西里島休養。

兩年後，病癒的安娜回到維也納，開始從事人生的第一份工作——小學老師。

安娜的教師生涯非常美好，在學生眼裡，安娜是一位和藹可親、富有活力的老師，學生都非常喜歡她。

學校的校長也非常認可安娜的工作成果，認為安娜是一位很有天賦的老師，並和她簽下了一份四年的長期合約。

但造化弄人，這份合約並沒有履行完畢，一九二〇年，一場感冒導致的肺結核，讓她離開了熱愛的教師崗位。

儘管從教的時間只有短短數年，但這幾年的時光為安娜日後從事兒童精神分析工作積累了豐富的經驗，也奠定了她為兒童心理健康而努力的人生基調。

◆接受父親的分析

從一九一八年開始，安娜開始幫助佛洛伊德翻譯一些精神分析著作，並在這過程中逐漸熟悉了父親的理論，也對精神分析產生了濃厚的興趣。

於是安娜經常和佛洛伊德探討精神分析問題，也經常把自己的一些夢境拿出來讓佛洛伊德分析。

佛洛伊德之前的五個孩子，對老爸的事業都不太感興趣，本以為後繼無人的佛洛伊德終於在最小的閨女身上看到了薪火傳承的希望。

佛洛伊德感到非常欣慰，宣稱安娜是所有孩子裡面最聰明的。

隨後，佛洛伊德對安娜進行了持續數年的精神分析，但是佛洛伊德卻從未公開承認，因為精神分析所涉及的一些倫理問題、移情問題確實讓人難以啟齒。

有證據顯示，佛洛伊德所提出的伊底帕斯情結，一定程度上是受安娜的影響，因為伊底帕斯情結概念的提出正是這段時間。

或許正是對安娜的分析，使得佛洛伊德對女人的嫉妒心理有了更加深入的認識。

◆走上精神分析之路

一九二二年，國際精神分析大會在柏林召開，安娜提交了一篇名為《打敗幻想和白日夢》的論文，論文中闡述了一位女性對父親的一系列幻想。

加入精神分析陣營之後，安娜離開維也納，前往柏林從事實務分析工作。為此佛洛伊德很傷心，因為他希望女兒能一直陪著他。

不過佛洛伊德並沒有傷心多久，一九二三年，佛洛伊德被診斷出口腔癌，安娜不得不中斷在柏林的工作，回到家中。

在那段時間裡，安娜一邊照顧老爺子，一邊治療病人，同時還幫助佛洛伊德翻譯和整理文稿。

正是在這段時間，安娜遇到了陪伴她一生的伴侶：桃樂絲。

桃樂絲這個名字，聽起來像個女人，事實上……也確實是個女人，至於為什麼會是個女人，請你先不要問，我們後面再說。

在此後的幾年裡，安娜的大部分精力都用在父親的事業上，主要做了下面幾件事情：負責精神分析雜誌的出版；和父親的學術敵人互鬥（奧拓・蘭克）；擔任維也納精神分析協會的祕書，調解協會內的一系列爭鬥……

◆開始兒童精神分析

一九二五年，安娜開始進入一個全新的領域——兒童精神分析。

其實兒童精神分析的開先河者並不是安娜，而是佛洛伊德，案例也相當有名——小漢斯（一個得了恐馬症的小男孩，後文會講）。

但真正將兒童精神分析發揚光大，並成為一門獨立的學科，卻是安娜的功勞。

正所謂老爹拋磚，閨女引玉。

在維也納，安娜聚集了一批志同道合者，他們一邊從事兒童治療，一邊進行學術研究。

一九二六年，安娜舉辦了一系列兒童精神分析方面的講座，教授兒童精神分析的理論和技術，很多人被深深吸引。

次年，安娜的第一本著作《兒童精神分析技術導論》出版，有系統地闡述了兒童精神分析的研究成果和治療技術。

此書的出版一舉奠定了安娜在兒童精神分析領域的先驅地位。

安娜與佛洛伊德

一九三七年，安娜在維也納成立了一所學校，主要用來為貧困的孩子，尤其是因戰亂失去親人的孩子們提供教育。

在教學過程中，安娜藉著詳細記錄，為兒童心理研究留下了大量第一手資料。順便提一句，當時在學校裡，慧眼識人的安娜提拔了一名年輕教師，這位教師在安娜的指引下，也走上了精神分析的道路，後來提出了著名的「八大階段心理危機」、「自我認同」等理論。

這位年輕教師，正是愛利克．艾瑞克森。

隨著治療案例的積累，安娜在兒童精神分析領域的造詣越來越深，不久之後，出版了第二本著作——《教師和家長應該懂得的精神分析》。

◆亂世之中不忘初心

一九二九年，全球經濟大崩潰，佛洛伊德一家的生活陷入了困境，負責出版精神分析雜誌的出版社也被迫停辦。

隨之而來的是政局的動盪和納粹的威脅，一九三三年，德國和奧地利頒布反猶太人的法案，大批的猶太學者紛紛逃離歐洲大陸，精神分析學會內部人心惶惶，面臨著分崩離析的危險。

此誠危急存亡之秋也！

危急時刻，安娜承擔起了自己的責任，出任精神分析學會的副會長，全力維護學會的正常運轉。

在這段時間，安娜還完成了一本影響巨大的著作——《自我與防衛機制》，根據自己的思考對佛洛伊德的防衛機制理論作出系統化整理。

今天心理學專業的學生們倒背如流的十餘種防衛機制，都是安娜精心的整理。

此書在精神分析領域影響極大，甚至不輸佛洛伊德的《夢的解析》。後人一致認為，此書是自我心理學的奠基之作，後來的多位自我心理學大師，都或多或少地受到了此書的影響。

完稿後，安娜將此書作為八十大壽的禮物送給了佛洛伊德，佛洛伊德開心萬分。

一九三三年，狂熱的納粹分子開始公開焚燒佛洛伊德的書籍。

安娜與佛洛伊德

五年後，德國吞併奧地利，危險來臨。出於對故土的熱愛，佛洛伊德始終不願離開維也納。

直到有人闖入佛洛伊德家中，抓走了安娜，幸好當天就被放了回來，但是這件事情讓佛洛伊德意識到，維也納已經混不下去，跑路的時候到了。

下面的事情前面講過了：在瑪麗公主、羅斯福總統等人的幫助下，佛洛伊德一家死裡逃生，來到了倫敦。

之後不久，佛洛伊德就因為口腔癌復發與世長辭，除此之外，很多沒有逃離奧地利的親朋好友也都死在納粹手裡（包括安娜的四個姑姑）。

一連串的打擊給安娜帶來了極大的痛苦，但安娜並未因此消沉，而是繼續投入到了兒童精神分析的事業中去。

第二次世界大戰的爆發，讓無數的家庭支離破碎，也提供了安娜大量觀察非正常家庭兒童的機會。

一九四一年，安娜在倫敦創立了漢普斯特德托兒所，提供兒童寄養服務，同時也收養因為戰爭失去父母的孤兒。

安娜無微不至地照顧他們，讓他們在沒有雙親陪伴的情況下，度過了最艱難的歲月，形成了穩定的依戀關係，為良好人格的形成打下了基礎。

這個過程讓安娜也受益匪淺，透過大量的實作收集的第一手資料，使得安娜在精神分析領域取得豐富的成績。

二戰結束後，安娜將托兒所更名為漢普斯特德診所，提供精神分析治療服務。

隨後，本著授人以漁的精神，安娜開始講課，於一九四七年開設了漢普斯特德兒童精神分析課程，主要針對英國和美國的從業者進行培訓。

至此，漢普斯特德這個名字已經和安娜深深地融為一體，成了安娜人生的一部分。

◆功成名就的晚年

從一九五〇年開始，安娜的足跡踏遍了整個歐洲大陸和大洋彼岸的美國，奔走於各個國家，講授自己的兒童精神分析理論。

為了表彰安娜對兒童精神分析做出的貢獻，杜克大學、傑佛遜醫學院、芝加哥大學、耶魯大學、維也納大學、哥倫比亞大學、劍橋大學先後授予安娜名譽博士學位。同時，美國和英國政府也先後授予安娜麥迪遜獎和「大英帝國騎士」爵位。

在這一點上，安娜比起費盡九牛二虎之力才混到教授頭銜的老爺子強了不只那麼一點點，頗有些青出於藍而勝於藍的意思。

一九七五年，安娜生了一場大病，一直無法確診，只能長期住院接受治療，在病榻之上，安娜依然心繫精神分析的未來，筆耕不輟。

四年後，陪伴了安娜大半輩子的桃樂絲去世了，更是讓安娜陷入深深的抑鬱無法自拔。

一九八二年十月九日，安娜突然中風，幾個月後，她在睡夢中平靜地離開了人世，享年八十七歲。

按照遺願，安娜的骨灰和父母安葬在了一起，在死後依然陪伴著父親。

同年，《國際精神分析雜誌》出版了紀念安娜的專刊，追憶安娜一生的同時，也給予了安娜極高的評價。

一九八四年，漢普斯特德診所更名為安娜．佛洛伊德研究中心。

一九八六年，按照安娜的遺願，她和佛洛伊德在倫敦的住所被改造為佛洛伊德博物館，這是對安娜，也是對佛洛伊德最好的紀念。

後記

在安娜看來，自己和精神分析就如同一對雙胞胎，一同來到佛洛伊德身邊，並不斷地競爭以求得到關注。毫無疑問，這次競爭以精神分析獲勝而告終——安娜選擇了走上精神分析的道路，從某種意義上來說，是一種妥協。

作為佛洛伊德六個子女中唯一繼承了佛洛伊德衣缽，以精神分析為畢生事業的孩子，安娜不光繼承了父親的事業，還大力推動了精神分析事業的發展，更是在兒童精神分析領域闖出了屬於自己的一片天空。

將門虎子，大致如斯！

知識補充小帖：催眠術

催眠術，是很多人都十分感興趣的話題，學心理學的人經常會被人問及兩個問題，第一個是「你知不知道我在想什麼」，第二個是「你會不會催眠」。

每當我被問到這兩個問題的時候，我都十分羞愧，因為我既不知道對方在想什麼，也不會催眠……

拜諸多「大師」的催眠表演以及大量催眠題材的影視作品所賜，在很多人眼裡，催眠是一件非常玄妙、神奇的事：

在催眠表演中，告訴被催眠者你是一根木頭，被催眠者立刻堅挺，能把腦袋和腳分別擱在兩張凳子上，肚皮上還能站兩位一百公斤的胖子（真的，不是魔術）。

在電影中，一張照片一晃，對方立刻進入催眠狀態，乖乖地說出了打死都不能說的祕密，隨後聽從催眠者的一切指示，醒來之後又什麼都不記得。

在治療中，在輪椅上坐了數年的人，催眠之後告訴他你已經痊癒，醒來之後撒腿就跑。

神奇，就是這麼神奇！

那麼催眠術到底是什麼呢？

催眠術，英文名叫hypnotism，這個詞語的詞根是Hypnos，熟悉希臘神話的人應該很熟悉這個名字——睡眠之神修普諾斯，這仁兄還有個雙胞胎兄弟叫塔納托斯，也叫死神。

所謂催眠術，就是使用各種手段，讓人進入催眠狀態，在催眠狀態下，可以產生一系列清醒狀態下無法產生的「神奇」效應。

催眠的手段有：單調刺激（弄一串鐵球「啪啪」撞擊，或弄個懷錶在眼前晃盪）、語言誘導（比較常見）或直接使用藥物（簡單粗暴）。

所謂催眠狀態，就是一種暫時、特殊、類似睡眠但又不是睡眠的意識恍惚狀態，在這種狀態下，被催眠者的自主意識、感覺、知覺會有不同程度的減弱、喪失甚至歪曲。

催眠術（hypnotism）一詞由蘇格蘭醫生布萊德於十九世紀提出，其實在這個名字正式誕生之前，我們的老祖宗已經使用了幾千年了，只不過不叫這個名字。

在古希臘，有一種廟叫睡眠神廟，從字面上看這個地方是用來睡覺的，事實上，也確實是用來睡覺的。

但睡覺只是手段，治病才是目的。

一些久病不癒的人來到這個地方，經過一陣祈禱後入睡，在睡眠狀態中，神會降臨並治癒他們——據說有很多人就這麼被治好了。

在古羅馬帝國，有些大師級人物擁有一種神奇的能力，用他們的手或腳丫子觸碰病人的患處，不久病人就痊癒了，這就是傳說中的御觸（所以我前面說用腳丫子的效果也是一樣的）。

在中國，花樣就更是五花八門：祝由術、請筆仙、跳大神、鬼上身，等等。

有些道士神婆之類的，念上一陣咒語，手舞足蹈幾下，渾身發抖口吐白沫，然後就能以鬼神的口吻發號施令（這個應該屬於自我催眠）。

其實這一切的原理都非常簡單，就兩個字：暗示。

暗示的力量非常強大，如果你不知道有多強大，我來舉兩個例子。

第一個：十多年前大學入學考前，一位仁兄緊張失眠，老師給了他兩片安眠藥，嗑完之後立刻睡得像死豬，第二天精神抖擻進了考場，一舉中第。其實那只是維他命C。

第二個：有個科學家做了一個實驗，告訴一個死囚，他因為罪大惡極，將會被放乾血處死，然後把他的眼睛蒙起來，在他的手腕上輕輕割上一刀，用一根膠管綁在他的手上，膠管中滴出溫熱的水，兩個小時之後，囚犯死了，死的時候渾身蒼白，就像真的被放了血一樣。

第一個例子是我親眼所見，第二個在江湖流傳多年真假不知，但是都說明了同一個問題，暗示的力量是極其強大的。

強大到遠遠超乎我們的想像！

在催眠狀態下，由於自主意識的減弱或喪失，比較容易接受施術者的暗示，效果也要大大強於清醒狀態，而且暗示所產生的效果在醒來之後依然有效。

另外，由於主動意識減弱，防衛機制鬆懈，催眠者可能會想起被壓抑或遺忘的事情。

效果不錯，掌握起來也不難，在治療師們眼裡，可謂價格便宜量又足，他們一直用它！

維多利亞時代

維多利亞女王

在開講佛洛伊德的理論之前，我們先講一個神奇的年代——維多利亞時代。

因為了解這個時代，以及這個時代對人的影響，你才能明白佛洛伊德那麼多稀奇古怪的想法和驚世駭俗的理論是怎麼來的。

維多利亞時代，顧名思義，是維多利亞女王統治英國的時代。時間上大致是十八世紀前期到十九世紀初這一段。

這是英國的黃金時代，這時的大英帝國，GDP 占全球的70％，領土面積三千多萬平方公里，橫跨歐、亞、非、澳四大洲。所謂的日不落帝國，正是指此時。

儘管佛洛伊德不是英國人，但當時大英帝國的影響力著實厲害，遠勝今日之山姆大叔。維多利亞時代，不光屬於英倫三島，也屬於整個歐洲大陸。

這個時代有一些有趣的思想：認為性慾是思想下流的男人的專屬，女人不可以有；認為性行為的目的，是為上帝創造子民，不應該帶有娛樂功能；認為自慰會導致失明和神經錯亂；桌子、椅子等物件，支腿都要包起來；修改了莎士比亞全集，把所有和性相關的詞語都改掉：把生殖器改成「怪物」，把懷孕改成「一件奇妙的事」，把性愛改成「夢見黃金花雨」——因為聖母瑪利亞就是這麼懷上耶穌的；另外，對「夢見黃金花雨」的姿勢、著裝和時間都做了詳細的規定。

這個時代的主題就兩個字——禁慾！

但是從另外一些事情來看，這個結論下得好像也不是那麼嚴謹。維多利亞時代是歐洲色情業最發達的時代（之一），據說當時僅倫敦一地，就有十萬女性從事色情業。

順便提一句，在維多利亞時代，性服務作為特許經營行業，是禁止私營企業或個體戶涉足的，所有的場所都是國營，性工作者都是正經八百的國有企業僱員。

我也不知道這是縱慾的年代，還是禁慾的年代，只能說這是一個神奇的年代。在這樣一種時代背景下，歐洲的心理異常發病率高得出奇，尤其是女性。

從小就被灌輸那麼變態的禁慾思想——超級壓抑！

發育了必然會有衝動——超級嚮往！

嚮往也沒用——繼續壓抑！

壓抑就壓抑——那些人（性工作者）怎麼可以！

這就能理解了，出問題是正常的，不出問題才怪！

看到這裡，你應該大致能夠明白，在佛洛伊德的理論體系裡，性為什麼有這麼重要的地位。我想如果佛洛伊德出生在二十一世紀，說不定他會得出房子是推動人類社會發展之根本動力的結論。

佛洛伊德的理論，從某種程度上講，是那個神奇年代的必然產物。

正如美國心理學專家波林所說，如果佛洛伊德死於襁褓，時代將孕育出另一個佛洛伊德！

本能理論

佛洛伊德在治療病人的過程中發現，很多症狀的背後都有過度地性壓抑，或者性衝動滿足方式不當，而且時間都比較早，一般都會追溯到幼兒時期，於是他提出了嬰兒性慾。

後來在嬰兒性慾的基礎上，他提出了性本能和自我本能的概念。

自我本能，指個體保證自己生長發育，正常存活的本能。這個本能是累積能量的，目的是保障個體的生存。

餓了，你會本能地去找東西吃。

有人拿磚頭打你，你會本能地躲避。

不吃就餓死了，不跑就完蛋了。

這就是自我本能。

性本能，佛洛伊德稱之為「力必多」（libido），是個體追求性衝動滿足和性壓抑釋放的本能。這個本能是消耗能量的，目的是維持種族的延續。

沒有自我本能，消耗的能量得不到補充，個體會完蛋。沒有性本能，個體失去了繁衍的動力，種族會滅絕。相輔相成，缺一不可。

生本能和死本能

一九一四年，隨著塞拉耶佛的一聲槍響，第一次世界大戰爆發。這一打就是四年，把一個好好的歐洲打得七零八落。

在目睹了這場戰爭，經歷了失去親人的痛苦後，佛洛伊德開始修正自己的理論。佛洛伊德認為，人類的本能中，除了性本能和自我本能這兩大積極的本能外，一定還存在著某種毀滅性的消極本能。

於是佛洛伊德修正了自己的理論，把維持個體生存和種族繁衍的積極本能合併為生的本能，與之相對的，提出了死本能的概念。

佛洛伊德認為：死本能是一種破壞性的本能，遵循著強迫重複原則，要求個體回到最初的狀態——無機物狀態。

這個定義，當年曾讓我百思不得其解，活得好好的，誰願意去死，而且還是本能的。後來一位老師的指點，讓我恍然大悟。

老師告訴我：你要想知道死本能是什麼意思，今晚熬夜幫我做事，明天早上起床的時候，體驗一下是什麼感覺，就知道了。

為了探求真理，我熬了半宿，體驗了一把，就六個字：好想再睡一下。

死本能，就是讓人回到沒有任何緊張，最最放鬆的狀態，人類最最放鬆的狀態，當然就是不需要再放鬆的狀態——死亡狀態。

大家應該都聽說過瀕死體驗，大約60%的瀕死體驗的研究對象報告，在死亡來臨的時候，有一種極度的平靜、安詳和放鬆的感覺。

對於群體來說，死本能還有更具積極性的意義。

如果老的個體不死亡，勢必會和新的個體爭奪生存的資源和空間，這顯然不利於種族的生存和繁衍。

想像一下，如果從人類誕生以來，所有的人都長生不死……

所謂生老病死，天道循環！

按佛洛伊德的理論，死本能有兩個表現途徑——對內和對外。

你白天在公司被主管罵了一個狗血淋頭，心情很鬱悶，晚上回到家裡，看到兒子沒寫作業，胸中無名火起，往他屁股上就是一腳踢過去，這是向外；把自己關在房間裡生悶氣，氣著氣著還要給自己兩巴掌，這是向內。

向外到一定程度，就衝主管家去了！

向內到一定程度……兄弟想開點吧！

明白了吧！

對外，表現為破壞、挑釁、攻擊等。人類把死本能演繹到最登峰造極的作品，就是有組織的殘殺——戰爭。

對內，表現為自責、自我懲罰、自我傷害，總之一句話，就是自己和自己過不去，最極端的表現，是自我了斷。

正是因為同時身俱兩種本能，所以人類成了天使和魔鬼的結合體。正是這兩種本能，使得人類誕生以來就一直爭鬥不斷，卻又生生不息。

精神層次理論

冰山模型

冰山，托歷史上最著名的一艘沉船的福，大家應該都非常熟悉。

這玩意除了涼，還有一個顯著的特點：水面上白茫茫一小點，水底下黑漆漆一大坨，瞧上去不起眼，撞上去就完蛋。

正是因為冰山的這個特點，佛洛伊德在《歇斯底里的研究》一書中，將人的精神結構比喻成冰山：

意識是浮在水面之上，能夠看到的部分，只占精神世界的極小一部分。

潛意識則處於水面以下，陽光照射不到，永遠看不見，但是卻占了絕大部分，雖然無法進入意識，卻會對意識產生影響。

在水面以下，陽光勉強能照到，隨著波浪起伏忽隱忽現的部分，則屬於前意識。

這就是所謂的冰山模型。

男婦產科醫生的故事

C君，男，婦產科醫生，在舊時三姑六婆的戰鬥序列中，該職業叫穩婆。從業十數年，迎接新生命無數。

自C君當上婦產科醫生那天起，就有一個非常缺德的問題在各種場合，被各種人，因為各種目的不停地問起。

不用我說，你也應該能猜到——「你為什麼要從事……」

每當有人問起，C君總是挺起胸膛自豪地反問：你不覺得迎接新生命的到來是這個世界上最最神聖的職業嗎？

他一直這麼認為，並且為之驕傲！

後來，C君患上了嚴重的焦慮症，他考慮了很長時間，決定去向精神科醫生求助。C君向精神科醫生介紹了病情，並詳細回憶了一些他認為和發病有關的事情。然而這些事情都不是導致發病的根本原因。

經過精神分析，揭示了他成為婦產科醫生真正的、深層次的原因——同時也是導致焦慮症的原因。

C君是家中的老大，在他之後，父母又生了幾個娃娃。在擁有多個孩子的家庭中，先出生的娃，對後出生的，是非常嫉妒的，這一點大家應該不會否認，我們都曾目睹過，或者親身體驗過。

但是一般人都不知道，或許已經忘記了，這種嫉妒有多麼強烈——強烈到恨不得把後出生的孩子統統幹掉。

如果有機會，可以觀察一下小朋友是怎麼逗剛出生的弟弟妹妹的——拚死拚活的逗。

因為哥哥／姐姐的身分，迫於父母和社會的壓力，不得不去逗，這叫反向。

因為嫉妒，拚死拚活的逗，這叫真情流露。

精神分析發現，因為後出生的孩子奪走了母親的愛，先出生的孩子從小就有把弟弟妹妹們一網打盡的強烈衝動，但這種衝動明顯是不符合現實要求的，隨著年齡的增長，逐漸被壓抑了。

請注意用詞，是「壓抑」，而不是「消滅」。被壓抑的慾望是強大且不安分的，不停地在潛意識中興風作浪，並帶來極大的焦慮。

為了對抗這種焦慮，C君成為一名婦產科醫生——用迎接新生命所帶來的成就感，對抗潛意識中殺死兄弟姐妹的衝動，從而降低焦慮。

當兩種力量達到平衡，C君便是正常的，當潛意識的慾望占了上風，焦慮就產生了。

精神的層次

我們回憶一下C君求醫的過程：

糾結了很長時間決定去看精神科醫生，這段心理活動屬於意識——自主的，當前能夠意識到的心理活動。

發病原因：幹掉弟弟妹妹的衝動，處於潛意識，因為不為道德倫理所容，被壓抑到了意識層面以下。

意識不到，也無法回憶，要透過精神分析才能揭示。

佛洛伊德認為，在人類的心理活動中，意識只是極微弱的一部分，潛意識才是心理活動的主體和動力所在。

如果把人的心理活動比喻成大海，潛意識就是大海深處洶湧狂暴的亂流，意識和行為只不過是海面上的一點點波瀾而已。

潛意識包括人類原始的衝動和本能，以及後天的各種本能性慾望。因為不為現實所容，只能被壓抑在意識層面之下，而不被察覺。但是被壓抑並不意味著消失，而是時時刻刻地活動著，尋求各種直接或間接的滿足，從而從深層次支配人類的心理和行為。

在意識和潛意識之間，有一個緩衝地帶——前意識。

C君向醫生回憶發病前後的一些事情，即屬於前意識——當前不在意識的活動範圍，但經過回憶可以想起。

在前意識中，有一道稽查程序，潛意識中本能的、非道德的衝動、慾望會被阻止，不得進入意識，而正常的內容則會被放行。這就是為什麼C君能清楚地回憶起發病前後的事情細節，而回憶不起發病的真正原因。

稽查員非常認真負責，時時刻刻把守著通往意識的大門，對不符合現實和倫理道德要求的內容，給予人道主義待遇——遣返。

請注意是遣返，而不是非人道主義待遇——毀滅。

俗話說，老虎也有打盹的時候，稽查員不是老虎，但有時也會打盹。

當稽查員打盹（鬆懈）時，一些潛意識中的內容，就可以透過各種形式，混過安檢進入意識。這就是我們下面要講的，潛意識表現的三大途徑：精神官能症、夢和過失言行。

C君所患的焦慮症，即屬於精神官能症，關於精神官能症的成因，我們在衝突理論和防衛機制篇中會詳細講解。

本篇，我們重點來講一下後兩個表現途徑：夢和過失言行。

夢的形成

關於夢，從古至今，從中到外，有著無數的故事，黃粱一夢、南柯一夢、莊周夢蝶、愛麗絲夢遊仙境等。

對夢的解釋，亦是五花八門。

普遍的解釋：日有所思夜有所夢。最神奇的代表當屬化學家凱庫勒，夢見一條咬著自己尾巴的蛇，於是發現了苯的分子結構。

生理學的解釋：入睡之後，大腦皮層依舊處於興奮狀態的部分細胞所形成。

實用主義的解釋：周公解夢，據說三國時蜀國大將魏延夢見頭頂長角，神棍解夢曰角為刀下用，頭上用刀，大凶之兆，後來果然被馬岱一刀剁了……

夢有一個十分重要的作用——保護睡眠，當你正在睡覺：

樓上突然開始裝修，就會做一個充滿噪音的夢，這樣你就會以為聲音來自夢中——暫時不會被吵醒；

突然來了一陣冷風，就會做一個冬天的夢，暫時不會被凍醒；

水喝多了，就會做一個尿尿的夢，暫時不會被憋醒；

凡事總有意外，我們小的時候經常會夢見自己在尿尿，醒來之後發現果然在尿尿……

那是因為小孩子的大腦皮層還沒發育成熟，長大之後，這種情況一般就不會再發生了。

佛洛伊德的解釋：夢是慾望的滿足。

在一個劇院中，舞台上正在演出節目，後台有很多演員在準備，他們一直在努力排練，迫切地希望能夠上台演出。

在前台和後台之間，是導演組，所有上台演出的節目都要經過導演組的審查，標準有：不能色情、不能暴力、不能違背倫理道德等。

有一個節目，講述的是一個男孩子和自己的姐姐相愛，一隊演員，雄赳赳氣昂昂，殺到了導演組跟前，劇本還沒講完，就得到了導演組的回應——從哪來，滾回哪去！

沒辦法，改劇本，把姐姐換成女同學，戴著姐姐同款的髮夾，第二次來到導演組——滾，換個身分我就不認識你了嗎！

沒辦法，再改吧，導演組不是那麼好糊弄的，要改就改大點——騎著一匹馬，馬的鬃毛上別著個髮夾，走過一片桃樹林，桃樹上結滿了飽滿的桃子……

光改劇本還不行，還得挑個好時候，等導演組審了一天節目，筋疲力盡了，送審，通過！

經過這一番折騰，儘管劇本已經面目全非，但是好歹辛苦沒有白費，完成了一直以來的願望——登台演出。

心願已了，暫時風平浪靜了！

第一個劇本，叫隱夢——夢的真實涵義，隱夢的內容大多和本能性慾望有關，很黃很暴力，所以不可能通過審查，呈現於意識之中。

最後一個劇本，叫顯夢——隱夢為了騙過稽查機制，進行一系列加工後的產物，很傻很天真。趁著稽查機制鬆懈（睡眠狀態），蒙混過關，進入意識，以夢境的形式呈現。

因為使用了一些加工手法，所以顯夢和隱夢往往大相徑庭，而且經常稀奇古怪、荒誕不經。

佛洛伊德分析了大量的夢境，總結出了夢的四大主要加工機制：凝縮、移置、象徵和潤飾。

凝縮：將豐富多彩的隱夢，經過一系列加工手法，濃縮到一個個簡單的場景中——比如說將「此處省略 25895 字」的內容，濃縮到「騎馬經過一條路」這麼一個場景。

移置：為了欺騙檢查機制，將隱夢中的某些敏感因素，以偷梁換柱方式替換成其他不相關的人或事物——比如說第二個「劇本」中將姐姐替換為女同學。

象徵：將隱夢中的邪惡、下流的抽象慾望，替換成符合倫理道德的具體形象——比如說在呈現的夢境中，騎馬象徵著性行為，桃子像徵著女性的性器官。

潤飾：將夢中無條理的素材，整合成符合邏輯的夢境，以免做夢人被荒誕的夢境嚇醒——在呈現的夢境中，將馬、桃子、髮夾，整合成符合邏輯的場景。

看到這裡，明白了吧，潛意識中的本能性衝動，並不是靜止的，而是時時刻刻尋求滿足。但是在清醒的狀態下，不可能通過稽查機制的審核。

在睡眠狀態下，稽查機制的功能被部分封印，但是並未完全消失，本能性慾望依然無法以本來的面目過關。但是透過改頭換面，可以混過檢查，呈現在意識之中，於是就形成了各式各樣稀奇古怪的夢境。

透過做夢，壓抑的慾望得到了象徵性的滿足，活躍度就會降低，對意識的影響就大大減輕了。

所以，偶爾做做夢，對心理健康是有好處的！

筆誤的真相

二戰末期，納粹德國有一個打字員，把一份公文中的 heil hitler 打成了 heilt hitler，然後這個衰到爆的傢伙被關進了監獄，然後就沒有然後了……

在德語中，heil 是致敬的意識，而加個 t，就變成了治病。

在那個時候，盟軍已經從兩個方向攻入德國本土，兵臨柏林城下。帝國元首已經陷入了一種病態的瘋狂之中。

網路上流傳著一個四分鐘的影片《元首的憤怒》，此短片是從電影《帝國的毀滅》剪輯而來，我認為這個影片能充分反映當時希特勒的精神狀態，有興趣的同學可以一看。

佛洛伊德認為，在那位打字員潛意識中希特勒已經是個精神病，需要送進精神病院，所以他才打錯了字。

這就是潛意識的另一個表現形式——過失言行。

我們一般認為，日常生活中的遺忘、口誤、筆誤、疏忽都是偶然現象。但是佛洛伊德認為，凡事的發生都有原因，人的任何失誤都有潛意識的動機，是潛意識和意識矛盾鬥爭的結果——這就是所謂的精神決定論。

A君，在學術研討會開幕式上致辭：預祝本次大會順利閉幕！有可能他潛意識裡根本就不想開這次會，巴不得趕緊結束。

D君，收到了好友的婚禮請帖，結果卻忘記了赴宴，有可能是他在婚姻方面受過傷害，潛意識裡壓根就不想面對那個場景。

K君和Y小姐新婚，去峇里島度蜜月，結果第二天K君的結婚戒指就找不到了，二人大鬧一場，回國不到一年就離婚了。離婚之後，K君突然有一天從一個包裹裡找到了那枚戒指。這可能說明K君潛意識裡就不想和Y小姐結婚，所以離婚之後，戒指就找到了。

知識補充小帖：科學史上最神奇的做夢者

說到科學史上最神奇的做夢者，除了夢見蝴蝶的莊周，還有凱庫勒和門得列夫兩位著名的化學家。

經由做夢，他們完成了人生當中最重要的成就，並大力推動了化學的發展。凱庫勒發現了苯分子結構，門得列夫畫出了著名的元素週期表。

先來講凱庫勒。

一八二五年，化學家發現了苯，並且知道苯是由六個碳原子和六個氫原子組成的。

在那個時候，人們對有機物分子結構的認識，基本上還停留在一字長蛇陣的水準上，即六個碳原子一字排開。

如果是一字長蛇陣，六個氫原子是不夠的，至少要十個（C_nH_{2n-2}），而且化學性質也不會如此穩定。於是一批又一批的化學家，用了很多種思路，絞盡了腦汁也想不出苯分子結構到底是什麼樣的。

凱庫勒就是其中的一員。

一八六四年的一個晚上，凱庫勒坐在壁爐前，苦思冥想這個問題，想著想著就睡著了，隨後做了一個夢：一字長蛇陣的碳鏈漂浮了起來，變成了一條蛇，在他面前跳起了舞，突然蛇頭一下咬住了蛇尾巴，形成了一個圓，在他頭頂上轉圈圈……

凱庫勒猛地醒來，迅速明白了——苯的分子結構壓根就不是一字長蛇陣，而是個六角形……

這樣就解釋了為什麼只有六個氫原子，也解釋了化學性質為何如此穩定。

門得列夫發現元素週期表的經歷和凱庫勒大致相同。

凱庫勒

十九世紀六〇年代，當時人類已經發現了六十三種元素，於是科學家們就在想，元素是否存在著某種排列規律。

一天晚上，門得列夫苦苦思索著這個問題，想著想著一陣睏意襲來，睡著了。

在睡夢中，他看到天空中漂浮著一張表，元素們飛起來，自動落到一個個格子裡，醒來的門得列夫迅速拿起筆，設計了一張表格。

他發現，隨著原子序數的遞增，元素的性質呈現規律性變化，不斷循環往復。於是門得列夫把現有的元素對號入座，並大膽預測了一系列的未知元素。

科學的發展證明門得列夫是對的，週期表中所預測的元素接連被發現，截至二〇一七年一月，人類發現（製造）的元素已達一百一十八種。

人格結構理論

人格結構理論是佛洛伊德晚年在精神層次理論的基礎上發展而來的。

佛洛伊德認為：人格是一套三位一體的，由自我、本我及超我組成，在結構、內容和運作上一體，互相依存密不可分，又時時刻刻處在衝突、協調的矛盾運動中的系統。

有點難懂，打個比方吧。

辦公室主任的故事

某個大型集團公司。

董事長是一個很嚴厲、苛刻、追求完美、原則性極強的人。但下面的員工都是些有組織無紀律，有理想沒道德的壞傢伙。

董事長追求完美、有原則，但畢竟不能一個人把所有的工作都做了。員工們匪氣十足，但也不能統統開除，公司要生存發展，還得靠他們工作。

按照常理，這樣的公司開下去的結果只有兩個：董事長把員工統統開除，或者員工集體炒老闆魷魚，不管是哪個結果，都是兩個字——完蛋！

好在公司裡有一個協調能力極強的辦公室主任，此人情商極高，八面玲瓏，善於變通，既能穩住老闆，又能變通，滿足員工的訴求，還能處理好公司和外界的各種關係。

由於此人的存在，老闆和員工的訴求都得到了相應的滿足，公司一時相安無事，平穩運作。

好景不長，突然有一天，這位辦公室主任由於壓力太大，病倒了。沒有了此人的上下協調，董事長和員工的矛盾很快就爆發了，公司就此開始在完蛋的道路上一路狂奔……

公司，就是人格系統；董事長，是超我；員工，是本我；辦公室主任，是自我。

這裡面最不容易的，就是辦公室主任，一邊戰戰兢兢地管理員工，一邊提心吊膽地伺候董事長。

出點事情就被老大拚死命的整，精神壓力實在太大，不生病，就沒天理了。

一個優秀的辦公室主任，對於公司的發展，必不可少。

一個強大的自我，對個人的生存，也至關重要。

本我、自我與超我

各位都應該有過買東西被多找了錢的經歷，處理方式無外乎以下三種情形：

立即把錢塞進錢包裡，趁老闆還沒發現，馬上撤退，從此再也不去那家店買東西——本我比較強。

立刻把錢還給老闆，說著先生你找錯了——超我比較強。

想了半天把錢塞進錢包，回到家之後還要糾結好幾天——本我和超我都比較強，但自我比較弱。

◆本我

本我是原始的、與生俱來的部分，由各種本能性衝動和慾望構成，是一切心理活動能量的來源。

本我的行事原則是快樂原則——獲得快樂，避免痛苦，其主要特點是要求即刻滿足，請注意「即刻」兩個字。

人類在嬰兒期的時候，是要求即刻滿足的：

餓的時候，你說兒子不哭等一下爹地馬上就泡奶粉……
冷的時候，你說兒子不哭等老子打完這場遊戲……
尿溼了，你說兒子不哭尿布用完了，我馬上去買……
如果你生的不是哪吒，這基本上是不可能的——不馬上搞定，哭死給你看！
當嬰兒逐漸長大，就會形成一種能力——延遲滿足，這種能力對人格的發展非常重要。
有一次經過一個社區，看到一個十來歲的孩子坐在八樓陽台邊上，要跳樓。我很好奇，好好的為什麼要跳樓，多問了幾句，結果讓我哭笑不得——這孩子看到一架無人機從自家陽台前飛過，就要立刻買一台，不買就自己飛一個……

♦超我

超我是代表自我理想和良心的部分，行事遵循至善原則，是個體在成長的過程中，將社會道德規範內化形成。
超我講起來很簡單，就是該做什麼，不該做什麼。
形成的過程也很簡單，三個字：訂規矩！
該做什麼：當兒童的行為符合父母的評價標準，就會得到獎勵，這會逐步形成自我理想。

不該做什麼：當兒童的行為違背父母的道德觀念，就會得到懲罰，這會逐步形成良心。小的時候，兒童需要父母的外在管理。當超我逐漸形成，就可取代父母，對自己的思想和行為進行內在的監督。

大俠說：「刀法修練到一定程度，可達到手中無刀，心中有刀的水準。」

佛洛伊德說：「超我發展到一定程度，可達到身邊無爹，心中有爹的境界。」

但千萬不要走火入魔，萬一練至身邊無爹心中也無爹之化境，那就慘了！

超我是意識結構中的監督者和懲罰者，特點是追求完美，不容忍任何與自我理想和良心衝突的內容。

超我的主要功能，是監督自我去限制本我的衝動，一旦自我對本我管理不力，就會立即對自我施加嚴厲的懲罰。

在電視劇中，我們經常會聽到這麼一句台詞：雖然我得到了××，但並沒有得到快樂，這二十年，我一直在忍受著良心的折磨……

這就是所謂超我的懲罰。

◆自我

自我處於本我、超我和現實之間，是人格系統中的執行者。

自我的行事原則是現實原則——既要滿足本我的慾望，又要按照客觀條件行事，還要符合超我的要求。

自我要時時刻刻分析客觀現實和自己的處境，斟酌利害關係，尋找合適的管道、方式、時間來滿足本我的慾望。

你正在公車上，突然餓了，書包裡有兩個榴蓮包子：

本我：老子要吃包子，馬上！

現實：味道太濃，公車上不准吃！

超我：你敢吃，看我不打死你！

自我：兄弟，忍一會兒，下車再吃……

俗話說風箱裡的老鼠，兩頭受氣，自我的待遇還不如老鼠，三頭受氣：既要滿足本我的慾望，又要符合現實要求，背後還有個變態的超我在盯著，時不時地給你來一下子。

這工作真不是人幹的！

在自我比較強大的情況下，人格能夠維持平衡。一旦自我出現問題，平衡被打破，個體就會產生焦慮。嚴重的情況下，會導致心理異常，甚至人格障礙。

馬車──人格系統的另一個比喻

一輛在夜色中行駛的馬車，要去很遠的地方。

有一匹馬，一個車夫，還有一個乘客。

乘客已經跟車夫說好了要去哪裡，然後就昏昏沉沉地睡著了。車夫繼續駕駛，馬在愉快地奔跑著。過了一會兒，車夫也有點睏了，也睡著了，馬就開始自己愉快地邊走邊玩耍，所謂信馬由韁……

乘客突然被顛簸驚醒，發現馬車已經跑到了路邊的草地上，馬已經和一匹母馬交流起了感情，於是撩開簾子，對車夫破口大罵。

被罵得狗血淋頭的車夫，給了馬一鞭子，馬受了驚，差點把車掀翻，車夫下車費了好大勁把馬安撫好，拉著韁繩回到了大路上。

馬車，就是人格系統。

馬，是本我：人格的基本動力，是原始的、動物性的我，就像馬一樣，提供動力，但稍微不注意，就會信馬由韁，發揮自己的本能性衝動和慾望。

馬發現青草，就會跑去吃；發現母馬，就會跑過去勾搭，所謂快樂原則，至於車拉到哪裡去，關我什麼事。

乘客，是超我：是人格中代表道德良心的部分，負責對不符合道德要求的行為進行監督和懲罰。乘客有著自己的既定目標，不允許車子偏離正常的軌道。當發現車子跑偏了就會懲罰、斥責車夫，但不會自己動手趕車。

所以，超我是人格系統的老闆。

車夫，是自我：人格系統的執行者，一方面調節著本我，一方面又受制於超我，遵循現實原則。

車夫又要趕馬，又要聽乘客的話，一邊伺候乘客，要告訴乘客為什麼不走這裡，為什麼要走那裡，又要控制馬奔跑的方向，保持馬的心情愉快。

所以，是人格系統中最倒楣的一個，也是最重要的一個。

知識補充小帖：延遲滿足能力

所謂延遲滿足，就是一個慾望冒出來的時候，不要馬上給予滿足，而是過一段時間。這對培養兒童、青少年優秀的人格品質相當的重要。

孩子要一樣東西，父母不肯買，小一點的哭鬧打滾，大一點的絕食抗議，再大一點的離家出走……

在這種情況下，很多父母或爺爺奶奶往往都會選擇妥協，滿足小祖宗們的要求。

好了，孩子得逞了，父母解脫了，GDP 拉動了，培養孩子優秀人格品質的機會失去了！

什麼品質？意志力、自制力、適應性、長遠的眼光和獨立自主的精神！

所謂的延遲滿足，就是能夠為了更有價值的長遠利益，而放棄當下的滿足，這個過程需要一定的自我控制能力。

我舉個例子，我兒子兩三歲的時候，要買氣球，我跟他說今天買只能買個小的，如果明天買，就可以買個大的。

最後我得到的回答是：我現在就要大的……

孩子小的時候，是沒有延遲滿足能力的。

隨著年齡的增長，這個能力會逐漸發展起來，延遲滿足能力是一個人完成各種人生任務與協調人際關係，從而適應社會的必備能力。

孩子的很多問題，都和這個能力的發展不夠充分有關：上課不注意聽講、放學後瘋玩不按時做作業、做點作業三心二意；而當他們長大後，社交能力、抗壓能力、受挫能力都會受到一定的影響。

關於延遲滿足，有過一個經典的實驗：發給參加實驗的孩子每人一顆糖，如果馬上吃，只能吃一顆，如果半個小時後糖還在，就額外獎勵一顆。

有些孩子立刻把一顆糖吃掉了，而有的孩子強忍著口水，堅持了半個小時，於是又獲得了一顆糖。

經過長期的追蹤，研究者發現那些經過自己的忍耐、多領到一顆糖的孩子，長大後表現出更強的適應性、自信心和獨立自主精神，事業上大多獲得了成功；而那些猴急的孩子則往往屈服於壓力、逃避挑戰，大多碌碌無為。

人格的發展

佛洛伊德認為，隨著身體的發育，兒童身上集中產生快感的部位是不斷轉換的，以此為依據，將人格的發展階段分為口腔期、肛門期、性器期、潛伏期和兩性期。

口腔期

口腔期，時間上大致是孩子出生到一歲。這段時間，孩子主要以吮吸、吞嚼、撕咬來獲得快感。

前期，大概是一～八個月，這段時間的孩子還沒長牙，快感主要來自吸吮和吞嚥。

後期，大概是八～十二個月，長牙了，快感主要來自撕咬和咀嚼。

佛洛伊德認為，每一階段該部位得到的滿足，既不能過多，也不能過少，否則就會形成定型，而無法順利地過渡到下一個階段。

如果這一段時間對孩子照顧得當，慾望得到合理的滿足，孩子就容易產生安全感，從而形成自信、不依賴、容易信任他人的人格特徵。

如果照料不當，孩子的口腔期慾望沒有得到滿足或過度滿足，就會形成一些負面的人格特徵。

如果在口腔前期形成時定型，長大後容易抽菸、多話、熱愛收集等——這叫口慾綜合型人格。

如果在口腔後期形成時定型，就會表現出和撕咬、咀嚼相關的象徵性活動：貪吃、毒舌等——這叫口慾施虐型人格。

肛門期

肛門期，大概是一～三歲，這個階段，兒童主要快感獲得部位轉移到肛門，獲取快感的方式有點噁心——拉便便。

在這個階段，每個兒童都需要接受人生當中的第一項訓練——排便訓練，這項訓練對人格的形成有著很大的影響，過於嚴格或者過於寬鬆，都不利於人格的成長。

如果排便訓練過於寬鬆，就會形成肛門排泄型人格——邋遢、浪費、暴戾、無秩序。比較傑出的代表就是馬路上常見且非常惹人厭的「惡霸逼車族」。

如果排便訓練過於嚴格，就會形成肛門滯留型人格——整潔、吝嗇、固執、強迫。

關於強迫症，不同的心理學流派有不同的解釋，相應的也有不同的治療方法。在這裡，我們僅討論精神分析學派。

精神分析理論認為：強迫症大多是肛門期出了問題——父母對兒童的排便訓練過於嚴格，導致了其潛意識中壓抑著強大的、把自己搞髒搞亂的衝動。

這種衝動一旦冒出來，就會被超我嚴厲懲罰，所以自我會一直處於焦慮之中，於是透過洗手、關門等強迫性動作，來對抗搞髒搞亂的衝動，以緩解焦慮。

性器期

性器期也叫伊底帕斯期，這個名字來源於古希臘悲劇故事——伊底帕斯王。

故事的大意是說一個國王的王后生了個孩子，有個神棍說這小孩將來會殺了老爸娶自己的老媽，於是國王就叫一個家臣把孩子幹掉，以免後患。

家臣不忍心，就把小孩放在森林裡，結果被鄰國國王撿到並當作兒子養大，取名伊底帕斯。

二十年後兩國發生戰爭，已經長大並繼承王位的伊底帕斯完成了命運三部曲：帶兵出征——幹掉老爸——迎娶老媽。

真相大白之後，小斯無法接受事實，刺瞎雙眼浪跡天涯。

在佛洛伊德的人格發展理論裡，伊底帕斯期是一個非常重要的時期。

這一階段的時間大約是三～五歲，在這段時間，兒童已經能夠意識到兩性器官的不同，並能透過探索獲得快感。

在伊底帕斯期，老媽是男孩子的愛戀對象，老爸自然就扮演了不光彩的角色——情敵，對於情敵，自然是幹掉之而後快。

但是情敵不是想幹掉就能幹掉的，原因很簡單——幹不過！

《伊底帕斯王》劇照

不光幹不過，而且可能會有被幹掉的危險，於是就形成了佛洛伊德人格理論中一個極富爭議的概念——閹割焦慮。

男孩子發現鄰居家的小花身上少了點什麼，然後就去問老爸，老爸告訴他，小花不乖被她爸爸切了……

然後就很害怕，然後就很焦慮，然後就放棄了對母親的想法，然後就開始對父親認同。既然幹不掉你，就做一個像你一樣的男人吧，以後就可以娶一個像老媽那樣的女人。問題解決了！

看到這裡，有人會問，女孩子這個階段是什麼樣子的？

女孩子在開始的時候，也會對母親比較愛戀，但是隨著長大，會發現男孩有而自己沒有……於是就會產生「陰莖嫉妒」——會恨母親導致了她的缺陷，於是將愛戀轉向父親。然後會對母親產生認同，並逐漸以母親為模仿對象——以後嫁一個像父親一樣的人。

性器期的小孩，如果能順利地對同性的父母產生認同，就會順利度過這一階段，並發展出相應的性別氣質。

如果不能順利度過，就會因為壓抑，為成年後埋下炸彈——形成精神官能症或其他心理疾病，或者發展出和自己實際性別相反的性別氣質。

潛伏期

潛伏期，大約從六、七歲持續到青春期。

在這段時間，心理性慾潛伏了，小屁孩們的主要興趣轉移到學習和玩耍。

這段時間是他們對異性最不感興趣的時間。

兩性期

兩性期，也就是我們所說的青春期，在這個階段，隨著荷爾蒙的分泌，小屁孩們沉睡多年的性衝動覺醒了——開始春心蕩漾。

這個階段，孩子們已經從單純地追求身體的刺激，轉變為追求異性關係的建立和滿足。

用大家都能聽得懂的話——要戀愛了。

另外，兩性期還是「收穫」的季節，然而收穫的不是什麼好東西。

前面幾個發展階段，如果沒有順利度過，在某個階段出了問題，那麼就會在進入兩性期之後逐漸顯現出來——精神官能症、人格障礙或其他心理異常。這一部分我們在焦慮和防衛機制中會提到。

要讓大家失望的是，關於潛伏期和兩性期，也就這麼多了。

不是我偷懶，而是因為佛洛伊德主要關注的是前三個階段，最後這兩個實在沒什麼可寫的……佛洛伊德認為，前面三個階段，基本上決定了孩子成年後的人格。

這應該算是「三歲看小，七歲看老」這句中國古訓的精神分析學版本吧。

知識補充小帖：強迫症

強迫症，是一種知名度比較高的精神官能症，在心理異常的名單裡，是網紅級別的。

強迫症的表現五花八門，比如反覆洗手、擔心沒關門之類：

一見到異性就想到羞羞的畫面，於是就面紅耳赤，口乾舌燥；

出門時一定要先跨左腿，如果哪天不小心先跨了右腿，一定要回來重新跨一次；

心裡總是充斥著擔心家人的恐懼感，不是擔心這個出車禍，就是擔心那個得絕症；

見到女孩子的長辮子，就有控制不住的拿剪刀或打火機的衝動。

根據《實用心理異常診斷與矯治手冊》，強迫症的定義如下：一種以源於自我又違反自己意願而重複出現缺乏現實意義、不合情理的觀念、情緒、意向或行為等強迫症狀為主，具有意識的自我強迫和反強迫並存且衝突激烈，雖力圖克制但又無力擺脫特點的精神官能症。

以上表現，分別對應了強迫症的四個症狀：強迫觀念、強迫行為、強迫情緒和強迫意向。

其實大家多多少少在某個時刻也體驗過這些症狀，那麼是不是每個人都得過強迫症？非也，強迫症狀只是診斷依據之一，除了滿足它之外，還要滿足三個條件：

自己非常清楚，強迫症狀是不合情理的、沒有意義的，但是無法控制，反覆出現；

對強迫症狀異常排斥，擔憂無法擺脫；

帶來情緒上的困擾，嚴重者會因為內心衝突帶來強烈的焦慮與痛苦。

一般來說，要同時滿足上述幾點，才能診斷為強迫症。

關於強迫的成因，目前心理學界和醫學界尚沒有明確的結論，目前主要認為與遺傳因素、人格特徵、心理社會刺激、神經／內分泌系統等有關。

強迫症的治療方法有心理疏導、認知療法、行為治療、藥物治療等，在此不作詳述。

焦慮與防衛機制

癔症

我們先來講一種比較有代表性的精神疾病——癔症。從中你大概可以了解人格系統如何運作，衝突和焦慮怎麼產生，以及防衛機制的作用。

先聲明一下，癔症這個叫法目前已經不再使用。現在的心理異常診斷標準中，叫分離／轉換障礙。

癔症（分離／轉換障礙）是由精神因素，如生活事件、內心衝突、暗示或自我暗示，作用於易病個體引起的精神障礙。癔症的主要表現有分離症狀和轉換症狀兩種。

分離，是指對過去經歷與當今環境和自我身分的認知完全或部分不相符合。

轉換，是指精神刺激引起的情緒反應，接著出現生理症狀，一旦生理症狀出現，情緒反應便褪色或消失，這時的生理症狀便叫作轉換症狀。

癔症還有個名字，叫歇斯底里症。

因為癔症在拉丁文中叫 hysteria，音譯過來是歇斯底里。

有些癔症發病的時候實在恐怖且惹人厭，久而久之，歇斯底里也就成了貶義的詞。

hysteria 源自於希臘語 hystera，也就是子宮。

古希臘科技水準一般，但是腦洞巨大的哲學家卻非常多，在這樣一種背景下，癔症就擁有了一個非常無厘頭的解釋。

古希臘人認為，癔症是由於子宮不老實，在體內四處蹓躂引起的，子宮蹓躂到哪裡，症狀就表現在哪裡……

希臘人的依據如下：

1. 癔症的患者，大多數是女性。

2. 癔症的症狀是變化不定的，今天頭疼，明天肚子疼，後天眼睛看不見，大後天就半邊身子癱瘓了。

嗯，在當時科技水平的前提下，這個推論算是相當嚴謹了。

在所有的精神疾病中，癔症可能是症狀最為繁多的一種，它可以表現為人體各個部位的症狀，發作形式包羅萬象、五花八門、真假難辨。

小王下身癱瘓多年，各項身體檢查都沒有任何異常。某日，家中有匪徒闖入，欲行凶，千鈞一髮之際，小王一躍而起，使出祖傳絕招奪命連環腳，三兩下擺平了匪徒，並就此痊癒——這個叫癔症性癱瘓。

小張一覺醒來突然變成了傻子，一加一等於三，二乘二等於六，自己的名字都寫不出來，但是卻清清楚楚地記得他姐姐的二舅的姪子的表姐的三叔某年某月某日借了他兩塊五毛八分錢——這個叫癔症性癡呆。

小劉，每到月圓之夜，就會變成另外一個人，包括聲音、形態、語調，甚至思想記憶——這叫癔症性多重人格。

另外還有癔症性感覺障礙、癔症性運動障礙、癔症性神經病等，實在是列舉不完。

癔症有兩個非常有意思的特點：

第一，按照自己的理解發病，而不是按照人體解剖學原理。

有醫學常識的人都知道，人體的神經在脖子部位是有一個交叉的，如果是半邊癱瘓，那麼就應該是左臉＋右邊身子，或反之。

但是癔症性癱瘓的人，基本上都是癱同側——沒辦法，讀書少不會癱……

第二，淡定！

如果是正常人失明或者癱瘓，會非常著急，但是癔症病人是異常淡定的，好像症狀正好滿足了他們的某種訴求——事實也確實如此。

關於癔症的精神分析學解釋，我們來看一個案例。

一個女孩，和男朋友第一次幽會的時候，突然失明，到醫院檢查之後，她的眼睛、大腦都是正常的，沒有任何器質性異常。

經過精神分析治療發現，該病人出生於一個非常傳統的家庭，「性」這個話題從小就是禁區。三歲的時候，由於好奇，在鑰匙孔裡偷看弟弟洗澡，她遭到了父親的毒打。

隨著時間的流逝，這段痛苦的經歷被壓抑了。但是父親的毒打，卻讓女孩形成了畸形的超我——性是不好的東西，一旦接觸到，就會受到毀滅性的懲罰。

當兩性期到來，荷爾蒙開始分泌，本我中潛伏已久的性衝動開始萌發，並日益增強，迫切地要求滿足。

但由於畸形超我的存在，自我知道一旦這種衝動得到滿足，會招來毀滅性的懲罰。

一邊要滿足，一邊要懲罰，自我很焦慮！

為了避免懲罰，自我不停地壓抑著本我中的性衝動，阻止其浮出水面。

當和男孩子幽會，即將看到一些東西的時候，這種衝突達到了頂點，自我的焦慮也達到了無法承受的程度。

在現實生活中，如果兩股勢力的矛盾上升到一定程度，那麼只有兩個辦法：

1.火拼，直到一方幹掉或壓制另一方。

2.調解，在某些情況下，也可以通俗地稱為和事佬。

對於人格系統來說，火拼是不行的，因為這會導致災難性的後果——人格崩潰。那就只剩下第二條路——和事佬。

和事佬的結果就是癔症性失明：不是不想看，而是看不見。讓你看，滿足了本我；看不見，滿足了超我。這個和事佬當得好，成功地把主人送進了醫院！

還有一個癔症性癱瘓的例子，一個男孩，潛意識中壓抑著強烈的幹掉老爸的衝動，但這種衝動是不可能浮出水面的——既不為現實所容，又會被超我懲罰。當本我的衝動逐漸強烈，自我的能量已經不足以壓抑的時候，就只好充當和事佬——癔症性偏癱。我很想幹掉你，但我沒法拿刀！

衝突與焦慮

在前文中我們提到，自我是一個三頭受氣的傢伙。本我需要即刻滿足，現實條件又不允許，而且會惹怒超我而招致嚴厲的懲罰。

就這樣，本我、自我、超我時時刻刻處在衝突當中，而衝突的產物就是焦慮。

如果無法理解，就腦補一下前文的那位辦公室主任，既要管理一幫土匪，又要伺候苛刻的老大，還要協調各種公共關係，不焦慮才怪——所以生病了……

佛洛伊德認為，焦慮分為三種：現實性焦慮、神經性焦慮和道德性焦慮。

現實性焦慮——由外部真實的危險引發，會隨著危險的消除而消失。你正在大街上走著，一個陌生男人突然出現，叫你「親愛的」，求抱抱——這時你就會產生現實性焦慮，但是人家馬上會發現認錯人了，焦慮就會迅速解除。

神經性焦慮——自我擔心本我的衝動會導致不良的後果產生。女孩擔心本我的衝動滿足後會被超我懲罰的焦慮，即屬於此類。

道德性焦慮——當本我中的衝動得到了滿足，超我所施加的懲罰——罪惡感、內疚感等。

如果不能理解，請再讀一遍前文那句台詞，記得語氣一定要沉痛：雖然我得到了××，但並沒有得到快樂，這二十年，我一直在忍受著良心的折磨……

佛洛伊德認為，焦慮是個體預感到危險時所發出的警報，危險可能來自外部世界，也可能來自內部。一定強度的焦慮，可以發揮警示作用，促使個體採取應對措施。

如果所面臨的危險是自我無法應對的，焦慮的強度就會激增，直到把自我壓垮——人格崩潰。這個時候，就需要防衛機制出場了。

防衛機制

看到防衛機制這四個字，有人肯定會問：防衛什麼？

你問到重點了，防衛的是焦慮。

當衝突激烈到一定程度，所產生的焦慮自我無法承受，這個時候就會使用一系列和事佬的方法來化解矛盾衝突，以緩解焦慮。

這一系列和事佬的方法，就是防衛機制——以否認或歪曲現實的非理性方法來保護自我，以緩解焦慮，消除痛苦。

如果恰當運用，可以避免焦慮，適應現實。

如果不恰當運用，雖然能在表面上解決矛盾，減輕焦慮，但是會以症狀的形式表現出來，形成精神官能症、癔症等精神疾病。

寫到這裡，我想起了一部電影——《異度空間》，該片於二〇〇二年上映，是張國榮的最後一部電影作品。

該電影定位為驚悚片，但從心理學的角度來看，這是一部從劇情到拍攝細節都相當專業的心理治療題材電影。

時至今日，劇中的很多片段，還被當作心理諮商師實操培訓的經典範例，有興趣的可以找來看看。

在劇中，編劇使用了至少五種防衛機制：壓抑、隔離、否認、退化和反向。

我們來回顧一下劇情：

章昕（林嘉欣飾）因為經常見鬼，向心理醫生Jim（張國榮飾）求助。

Jim是一名精神科醫生，鐵齒無神論者，對一切鬼神之說都嗤之以鼻。在其演講中，將鬼定義為大腦接受的垃圾訊息在腦子裡作怪的產物。

章昕租了一間房子，房東（徐少強飾）獨身一人，老婆和兒子都死於土石流。

一次偶然的機會，房東和章昕提起老婆和兒子的不幸，在整個講述的過程中，房東滿面笑容，沒有一絲悲傷，好像在談論別人的事情。

章昕發現，房東家的飯菜做的是三個人的量，門口放著兩雙拖鞋，家裡放著孩子的玩具。房東說多做一點飯菜，讓老婆吃胖一點，門口放著拖鞋，是因為他們出門的時候下雨，回來的時候可以換乾淨的鞋。

於是章昕受了刺激，再次見鬼發病。

Jim 發現章昕發病的根源：很小的時候父母離異，導致其心中充滿強烈的不安全感和極強的占有欲，男朋友要離開自己，她為了博取關注和同情，就會見鬼。

Jim 請來了章昕的父母，當著父母的面，章昕宣洩了壓抑多年的情緒。

Jim 治好了章昕，但是自己開始出現問題。

因為對章昕的治療，觸動了 Jim 潛意識中被壓抑的創傷記憶——Jim 中學時，初戀女友因為接受不了分手，在其面前跳樓自殺。

女友跳樓現場的慘狀，陰森的靈堂，躺在棺材中化過妝但依然蒼白的臉，傷心欲絕的父母。這一切對一個十來歲的孩子刺激太大，所以就被逐漸地壓抑了，以至於 Jim 在餐館裡被女友的父母認出大揍一頓的時候，依然不記得施暴者的身分。

在對章昕的治療過程中，記憶被觸發，Jim 的腦海中不斷浮現出被壓抑的恐怖場景，並開始見鬼，開始出現精神分裂症狀。

最後 Jim 被心中的鬼逼上天台，在天台上，Jim 對著想像中的女鬼，傾訴了心中所想，並得到了原諒。

◆防衛機制一：壓抑

Jim意識不到早年的創傷，甚至連女友的父母都不認識，這就是壓抑——因為刺激對自己來說過於焦慮和痛苦，遠遠超出了自己的承受能力，所以只能將其壓抑入潛意識之中。

壓抑，是最重要和最基本的防衛機制，它相當於一種動機性遺忘——自我將無法接受的想法、情感、衝動、記憶，諸如無法回憶的創傷、成長過程中嬰兒性的願望，以及日常生活中的不符合超我要求的衝動排除到意識之外，從而把自我從焦慮中解脫出來。

這一點很好理解，人們總是傾向記住那些讓人愉悅的體驗，刻意忘記那些不快的。

但是，壓抑是要消耗能量的，一旦自我的能量不足，心理問題就會出現——就像劇中的Jim對章昕的治療過程觸動了他自身潛意識中被壓抑的記憶，最終導致了精神分裂症狀的出現。

◆防衛機制二：反向

Jim選擇成為精神科醫生，以無神論者自居，堅定地認為鬼不存在。

這是另一種重要的防衛機制——反向：用相反的行為方式來替代受壓抑的慾望或觀念，

以對抗潛意識中的矛盾情感和衝動，並降低焦慮。

Jim由於年少時的創傷，對死亡和鬼魂充滿著恐懼。儘管創傷記憶已經被壓抑，但是僅僅靠壓抑是不夠的。所以Jim選擇成為一名精神科醫生，並成為一個鐵齒無神論者——用科學的力量武裝自己，來對抗潛意識中的恐懼。

看到這裡，大家應該會想起前文的那位婦產科醫生C君——這兩位仁兄的職業發展，頗是異曲同工。

C君選擇成為婦產科醫生來對抗殺死兄弟姐妹們的衝動。Jim選擇成為精神科醫生和鐵齒無神論者來對抗潛意識中對死亡和鬼魂的恐懼。

在現實的生活中，我們也經常會見到反向的例子。

有一種大家都很熟悉的心理異常，叫潔癖，潔癖的症狀大家應該都很熟悉。潔癖屬於強迫症的一種，我們前面介紹過強迫症的成因，潔癖正是因為潛意識中壓抑著強烈的弄髒自己的衝動，為了對抗這種衝動，就透過反向，表現出了潔癖的症狀。

◆防衛機制三：情緒隔離

房東向章昕講述老婆和兒子遇難的經過，臉上帶著笑容，一點都看不出悲傷，好像在討論一件和自己毫無關係的事情。

大家會以為這是不可思議的事情，認為房東很冷血。

但是在心理治療中，治療師經常會遇到這種來訪者，尤其是受過強烈創傷刺激的患者，都會像房東一樣不帶任何情緒地談論自己的創傷經歷。

這也是重要的防衛機制，情緒隔離——透過隔離情緒來處理焦慮和其他痛苦體驗，因為如果不隔離情緒來談創傷體驗，結果很有可能就是崩潰。

◆防衛機制四：否認

儘管房東的老婆和孩子已經去世，但他仍燒了很多菜，門口放著拖鞋，家裡堆著給兒子的禮物，認為雨停了他們就會回來，這種防衛機制叫否認。

否認，是拒絕承認引起痛苦和焦慮的事實存在，這樣就不必面對生活中無法解決的困難和無法達成的願望，從而降低焦慮。

有一種動物可以完美地詮釋這個防衛機制——鴕鳥。

◆防衛機制五：退化

每當生活中遇到打擊，章昕就會用小時候的應對方式——見鬼，來換取同情，逃避現實，這屬於退化作用。

退化是指人遇到挫折時，以早年的某個發展階段的幼稚行為方式來應對現實，目的是獲取同情，降低焦慮。

有的人（中老年婦女居多）遇到處理不了的困境時會無理取鬧——這是小孩子所慣用的應對方式，而不是正常成年人所應採用的，這就是退化。

各位不要以為只有無理取鬧才是退化，我告訴你，當你緊張、焦慮的時候，你會下意識地咬手指頭……

除了電影中的五種手法，防衛機制還有轉移、昇華、合理化、轉化、投射、認同等。

◆防衛機制六：轉移

轉移，顧名思義，就是自我用不會引起焦慮的對象或行為，代替會引起焦慮的。透過置換，個人的真實慾望得到部分滿足，但又不會引起精神結構的衝突。

在精神分析治療領域，有一個十分經典的案例——小漢斯。

有一天，五歲的小漢斯和母親搭馬車出去，馬車翻覆，漢斯變得非常害怕，他怕那匹馬會「咬」他，而產生了「恐馬症」。

佛洛伊德認為，正處於伊底帕斯期的小漢斯真正恐懼的是被父親閹割，但是對父親的恐懼是不能表現出來的。所以小漢斯就把對父親的恐懼轉移到了馬身上。

轉移是一種應用非常廣泛的防衛機制，其結果可能是消極的，也可能是積極的。

很多恐懼症，都是置換的結果。我舉個例子，有一種心理異常，叫廣場恐懼症——對公共場合或者開闊的地方極端恐懼，而患者本人，根本不知道自己為什麼會恐懼這些玩意。

其實這種症狀往往是置換的結果，患者將其他方面的焦慮和恐懼，比如說不恰當性衝動表現出來的焦慮，置換為對公共場合或開闊地域的恐懼。

◆防衛機制七：昇華

昇華，是一種積極的置換，把不被社會接受的衝動或慾望，用社會讚許的行為方式表達出來。

說到昇華，我們來談一個知名人物——拳王泰森。

泰森同學從小在貧民窟長大，耳濡目染的是打架、鬥毆、搶劫、兇殺，而且沒有老爸管教（單親家庭），母親和姐姐也放蕩不羈。

這樣的成長環境，加上天賦異稟的身體素質，攻擊指數爆表是非常正常的，不爆表那才叫見鬼。

這一點不難證明，看過泰森和霍利菲爾德那場巔峰對決的同學都能得出以上結論。

打不過就算了，還咬耳朵。

試想一下，如果泰森沒有選擇拳擊，那結果不外乎兩個：

1.在貧民窟廝混一輩子，鬱鬱而終；

2.在某次鬥毆中被警察逮捕，把牢獄刑期坐好坐滿。

但是幸運的是泰森選對了職業，既能打人，又能賺錢，還能出名。

多好！

◆防衛機制八：合理化

個體無意識地用似乎合理的解釋來為難以接受的情感、行為、動機辯護，以使其可以接受。對這個防衛機制運用得爐火純青、登峰造極的一位人物，叫阿Q。

談到阿Q，大家一般都會想到四個字——「自欺欺人」，但是你們有沒有想過，如果Q兄不這樣做，大概早就精神崩潰了。

如果不用「兒子打老子」安慰自己，被人當眾毆打的心靈創傷如何治癒？如果不嚷嚷「我祖上也闊過」，怎麼來疏解窮困潦倒的自卑？

說到底，不過是讓自己心裡好受一點罷了。

♦防衛機制九：轉化

轉化，是將心理上的焦慮與痛苦轉化為生理的症狀，從而迴避焦慮體驗。我們前文所講述的癔症，就是典型的轉化結果。

害怕潛意識中的性衝動被超我懲罰，於是形成了癔症性失明。

害怕潛意識中殺死父親的衝動浮出水面，於是形成了癔症性偏癱。

在前文中提過，癔症病人的一個重要特點就是淡定，好像症狀正好滿足了他們的某種需求，其實正是如此——透過轉化，變相地解決了衝突，避免了焦慮。

◆防衛機制十：投射

關於投射，我多年前見過一個案例，一個女孩子，不敢看別人的眼睛，一旦和人對視就會面紅耳赤。

在諮商師的引導下，她回憶起了第一次出現這種症狀的情景。

那是一節數學課上，數學老師（男性）向她走來，二人目光相對，她的腦海中突然出現這麼一個念頭：哎呀，老師千萬不要以為我喜歡他，然後就面紅耳赤地低下了頭。

從此之後女孩就不敢看數學老師，後來又泛化到所有的老師，最後到所有的人。

這就是所謂的投射，指個體把會引起焦慮的慾望、衝動、動機等推諉到他人身上。

女孩害怕自己喜歡上老師，會因為道德等問題給自己帶來焦慮，於是就把這種想法投射到了老師身上，認為老師以為她喜歡他。

關於投射，有一種心理疾病可以完美詮釋——被害妄想。

被害妄想的人會相信周圍某些人正在對他進行不利的活動，如打擊、陷害、追殺等。

從精神分析的角度看，童年早期若受到創傷，如父母關係不和、與父母長期分離或者被忽視等，都會導致孩子內心缺乏安全感。

孩子長大後，若遇到誘因，就容易將內心的不安全感投射到外部，認為真的是有外人在害他，而不是自己內心的問題，這樣就可以減少自己內心的衝突，並增強自己對安全的掌控感。

♦防衛機制十一：認同

認同是指個體將他人的特徵加到自己身上，即以他人自居。

在前文我們講過，兒童度過伊底帕斯期的方式就是認同——透過對父親的認同，解決閹割恐懼，從而順利度過伊底帕斯期。

在兒童長大後，他們還會經常使用這種方式。

記得小時候，我不想念書的時候，我爸就會講兩個故事給我聽：一個叫鑿壁偷光，一個叫懸梁刺股。

聽完之後我就會很慚愧，恨不得也弄根錐子給自己大腿來一下。

於是就開始好好讀書，於是就一不小心考上了大學……

2

卡爾・榮格

榮格生平

講完了佛洛伊德，我們來講講那個和佛洛伊德相愛相殺的人。

卡爾・榮格，瑞士人，著名精神病學家、心理學家，分析心理學創始人。榮格的大名不像佛洛伊德那般如雷貫耳，但他老人家曾經說過一句話，卻比佛洛伊德的知名度要高得多——性格決定命運。

另外，有很多讀者對人格類型比較感興趣，比如說前些年風靡

卡爾・榮格

一時，某光頭主播「創立」的性格色彩學。殊不知榮格才是人格類型學說的開山祖師。

名門之後

榮格一八七五年出生於瑞士北部小城凱斯維爾，榮格的爺爺，也叫卡爾．榮格。老老榮格是一位醫生，做過巴塞爾大學的校長，和共濟會瑞士分會的會長，曾致力於兒童精神問題的治療。

榮格後來走上精神治療的道路，和老老榮格不無關係。

另據路邊社報導，老老榮格是大文豪歌德的私生子，也就是說，歌德是榮格的緋聞曾祖父。

這個說法並沒有得到過證實，但是榮格同學頗以此身分為榮。不過以榮格後來的成就，就算這位緋聞曾祖父是真的，也不算奇怪。

榮格的外公山姆．普雷斯沃克，是個詭異的強人——巴塞爾大教堂的主教。外公醉心神學，據說是個有靈異能力的人，而且榮格的老媽、老舅、阿姨、表妹都遺傳了這種能力。老爺子堅信自己周圍有很多妖魔鬼怪，在寫作的時候總是要榮格的老媽坐在他的背後以免被偷看。

在其影響下，榮格的六個老舅，都成了為神打工的人——牧師。

從爺爺那裡傳承了嚴謹的科學，從外公那裡傳承了神祕的宗教。

一半是海水，一半是火焰，這兩股力量以一種衝突又融合的方式存在於榮格的心中，影響著他的人生道路，直到他找到命中注定的專業方向。

奇怪而陰鬱的小孩

榮格的父親——老榮格，也是一位牧師與神學博士。

俗話說虎父無犬子，但老榮格明顯違背了此項定律——混得非常不怎樣。身為一個牧師，居然失去了對上帝的信仰，僅僅把這當作養家活口的職業。

信仰的喪失使老榮格成了一個疑神疑鬼、滿腹牢騷的傢伙，很不得老婆孩子喜歡，和老婆的關係非常緊張，而小榮格很多關於宗教的疑問在他那裡也得不到解釋。

小榮格從小就對宗教充滿懷疑：如果神真的存在，那世界上為什麼還會有那麼多悲慘和可怕的事情？

每當榮格和老榮格討論這些問題的時候，總會把他惹毛，而得到的答案永遠不變——你只要去信就行了，瞎想個屁！

就好像我兒子問我，一加一為什麼等於二？華羅庚[3]都不知道，我怎麼會知道……

每個男孩子都希望有一個無所不知、無所不能的超級老爸，榮格同學也不例外，這樣的爹地顯然讓他十分失望。

3 數學家，祖籍江蘇丹陽，中國科學院院士，美國國家科學院外籍院士。

在榮格的心裡，屬於父親的位置一直空缺著，直到遇到了佛洛伊德。

榮格的母親是一個溫和、慈祥、熱情的女性，但是由於婚姻關係不和諧，以及失去兩個兒子的痛苦（榮格之前有過兩個哥哥，都沒養活），使得她的精神有些問題。

在小榮格眼裡，母親是個雙重人格的人，一種是正面、人性化的，而另一種則讓他感到非常害怕。另外，母親的靈異能力，也讓小榮格感到十分敬畏。

小榮格三歲的時候，母親因為精神問題住了幾個月的醫院，這讓小榮格實實在在的體驗了一場分離焦慮，還得了很長時間的溼疹，直接造成了榮格心中對女性的不信任感，並一直延續到成年。

兒童和母親的早期關係，會直接影響成年後對他人的信任感，很多成年人無法和他人建立親密關係（包括老婆），大多和年幼時母親的照料不當有關。

世上只有媽媽好，不是唱著玩的。

榮格的六個老舅和老爸都是牧師（兩個叔叔也是），而牧師的重要工作之一，就是主持葬禮。

一個深坑旁邊，放著一個烏漆墨黑的長箱子，旁邊站著一個身穿黑袍、表情陰沉的傢伙在念念有詞……

榮格的老舅們似乎希望這個外甥將來繼承他們的衣缽，所以每當有葬禮，總喜歡把小榮格帶在身邊進行現場觀摩。

這樣的家庭環境，孩子有問題是正常的，沒問題就活見鬼了，小榮格就這樣活活地被折磨成了一個奇怪而陰鬱的小孩。

在整個童年時光，小榮格的心中一直充滿著各種恐怖的意象。

小榮格夜裡經常聽見母親的臥室傳出神祕、奇怪的聲音，經常做一些可怕的夢，有一次他夢到一個人影從母親的房間飄出來，然後腦袋飄走……

三、四歲的時候，小榮格做了一個夢，夢見自己走進一個地下洞穴，洞穴裡有一張寶座，寶座上坐著一根粗粗的棒子，棒子上有一張血盆大口，這個時候，傳來母親的聲音：這是食人獸……

嚇哭了！

這個夢對榮格來說非常可怕，以至於一直到老年，才敢說出來。

榮格有兩個哥哥，但是都夭折了，九歲的時候，妹妹歌特路德出生，但榮格對妹妹並沒有多大的興趣，整個童年，榮格都沉浸在自己的世界裡。

小榮格經常一個人坐在一塊大石頭上，一坐就是幾個鐘頭，邊坐邊想：我是坐在石頭上的那個人呢？還是被那個人坐著的石頭？

小榮格

是不是很熟悉，在兩千多年前，中國有一位偉大的思想家，曾經演繹過同樣的故事——莊周夢蝶。

榮格十歲的時候，用木頭雕了一個小人，染上顏色、穿上衣服，放在鉛筆盒裡面，然後從河邊撿來一塊石頭放進去，最後把鉛筆盒藏在閣樓上。

每當不開心的時候，他就會走上閣樓，打開鉛筆盒，對著小人自言自語……

知識補充小帖：分離焦慮

所謂分離焦慮，就是因為分離引起的焦慮。

和前面介紹過的一系列心理問題有點不一樣，這個問題屬於嬰幼兒專享。所謂分離焦慮是指嬰幼兒因與親人分離而引起的焦慮、不安或不愉快的情緒反應，多發生在入園的時候。

每年開學，幼稚園門口都要上演一幕人間慘劇，孩子在教室裡哭，家長在教室外面哭，怎一個慘字了得……

在上幼稚園之前，兒童最親密的是父母或爺爺奶奶，一下把他扔到一個陌生的環境中，面對陌生的人、陌生的環境、陌生的事情，焦慮是很正常的。

分離焦慮不光會給孩子帶來心理上的困擾，也容易因為長時間焦慮造成免疫力下降，小孩子讀了幼稚園之後容易生病，除了互相傳染，這也是原因之一。

有些家長經常說：狠心點，讓他哭幾天就不哭了。

這句話沒毛病，除了幾個專業愛哭鬼，大多數孩子確實是哭幾天就不哭了。但不哭了不代表問題的解決，如果處理不當，分離焦慮帶來的創傷會影響孩子很久，甚至造成人格的偏差而影響一生。

有的人特別害怕和親人分開，結婚成家了還整天和父母膩在一起；有的人對外界總是充滿懷疑，誰都不信任，和任何人都無法建立親密關係，包括自己的愛人；有的人甚至在夫妻關係中嚴重缺乏自信，時刻關注對方的一舉一動，生怕對方哪天跑了，每天各種查勤。

這一般都是年幼時分離焦慮沒有處理好的結果，幼年的創傷讓他們的心裡充斥著不安全感和不信任感。

所以家長一定要重視兒童的分離焦慮，不能一味遷就，也不可簡單粗暴處理，要有技巧，循序漸進。最重要的是一定要讓孩子明白：我們只是暫時分開，爸爸／媽媽很快就會回來。

有一句話千萬不要說：再哭媽媽不要你了……

另外，如果孩子的焦慮持續時間較長，超過了一個月且沒有緩解跡象，而且情緒反應特別激烈，甚至出現頭痛、噁心、嘔吐等生理症狀，那就要考慮是不是兒童分離性焦慮症，需要尋找專業人士的幫助了。

學生時代：雙重人格

六歲的時候，小榮格進了小學，由於老榮格的學前教育做得還不錯，小榮格的學習成績還是蠻好的。有了同學，小榮格也不再那麼孤獨，和同學的相處讓小榮格感到很愉快。

這時，小榮格發現了自己另外的一面，多年以後，他認為當時的自己擁有兩重人格。

一號人格：普通的小男孩，認真學習，開心玩耍。

二號人格：多疑，不信任別人，遠離人群。

十一歲的時候，小榮格進入了巴塞爾城裡的一所中學，對他來說，這是一段比較糟糕的日子。

由於老榮格混得不好，家裡比較窮。而小榮格的同學，大多數是富N代，當榮格在發愁下雨弄溼了鞋襪沒得換的時候，富N代們卻在討論下一個度假的地點是阿爾卑斯山還是蘇黎世湖。

像今天從偏鄉小學考進城裡明星學校的孩子一樣不知所措，小榮格的心裡充斥著嫉妒，也充滿著對父親的不滿。

榮格中學的成績非常一般，他喜歡自然科學，但數學奇爛，熱愛哲學，但對宗教又充滿著懷疑。學校的課程，對榮格來說非常沉悶，沒有幾門是他喜歡的。在今天，這個現象可以用兩個字來完美地概括——厭學。

因為學習成績不好，老師不喜歡，同學也不愛，小榮格贏得了人生中的第一個外號——亞伯拉罕大爹。

在今後的人生裡，他還會贏得另外兩個外號——「酒桶」和「巫師」。

十二歲的時候，發生了一個意外，榮格被同學推倒，腦袋磕到了磚頭上。

腦袋被磚頭磕了，會有一個後果：暈！但榮格不是一般人，暈得自然也不同尋常——時間長了點，六個月！

最神奇的是每當要回學校上學的時候，或者要看書的時候，他就會暈。

這個情節大家應該都很熟悉，當年我家年僅五歲的小屁孩不想上幼稚園的時候，就會跟我說：爸爸，我今天有點不舒服……

寶貝兒子病了，父母很擔心，帶著小榮格到處求醫，醫生們都沒有診斷出個所以然來，最後被當作癲癇治了一段時間。

而小榮格卻暗爽不已——不用上學了，好開心啊好開心。

直到有一天他聽到了父親和朋友的談話，父親對朋友抱怨說：這孩子的病，把老子的家底都要花光了，要是以後這小子養活不了自己，那可怎麼辦！

小榮格頓時如五雷轟頂，迅速地做出了正確的反應——去看書！當他拿起書本，眩暈感襲來，小榮格用驚人的毅力，幹掉了眩暈，恢復了正常，從此浪子回頭，開始努力學習。

十五歲的時候，榮格開始閱讀緋聞曾祖父的著名作品——《浮士德》，不知道是不是因為（傳說中的）血統的原因，榮格對這部作品異常痴迷，在其後來的很多著作中，反覆地提到這個巨著。

隨後榮格開始大量閱讀叔本華、尼采等哲學家的書籍，從哲學上受益良多，為後來的發展奠下良好的理論基礎。

在這段時間裡，榮格找到了真正的自己，逐漸地認同自己的一號人格，而二號人格開始慢慢消失。

大學時代：職業的抉擇

快高中畢業的時候，榮格同學面臨著一件和現在高三學生一樣的事情——選專業。

榮格對科學感興趣，但同樣喜歡哲學和宗教。有個缺德老舅還慫恿小榮格去研究神學，但這個想法頃刻間便被老榮格扼殺——禍害了老子還不夠，還要禍害我兒子……

小榮格最後圈定了四個專業方向：科學、歷史、哲學、考古。

第一個被排除的是考古，原因很簡單——沒錢！本地的巴塞爾大學不設考古科系，又沒錢去外地，而且搞考古的都窮得勒褲腰帶，還是算了！

在糾結了很多天之後，榮格還是決定追隨爺爺的腳步，進入巴塞爾大學醫學系。

入學一年之後，老榮格去世了，榮格在親戚們的資助下，才得以完成學業。

大學是榮格的另一段美好時光，他結識了很多志同道合的人，並且成為瑞士學生俱樂部的負責人。

榮格還贏得他人生中的第二個外號——酒桶（原因我認為沒有必要解釋了）。

在大學期間，榮格還經歷了幾次靈異事件，多多少少影響了他後來的職業選擇。

第一次，榮格正在書房看書，突然一聲巨響，一張使用了七十多年、堅固得一塌糊塗的胡桃木桌子裂了。

第二次，沒過幾天，廚房一把麵包刀，突然裂成一堆碎片。

另外，榮格還多次參加表妹海倫組織的降神會，所謂的降神會，就是一群人圍在一張能旋轉的桌子旁，當桌子開始旋轉，表妹就會以已經去世的外公的口吻，講述一些她不可能知道的事情……

這一系列的神祕現象，使得榮格的興趣逐漸轉向了心理學和精神病學。

我一直懷疑普雷斯沃克家族是一個有著遺傳精神病史的家族，所謂降神，不過是一種多重人格障礙而已，而榮格作為這個家族的後代，也不可避免地受到了遺傳的影響。

榮格之所以走上精神治療的道路，也很可能是因為從小就受到這方面的困擾——這和現在很多有問題的人去學心理諮商的初衷頗為相似。

後來榮格和佛洛伊德分手後，所出現的一系列精神分裂症狀，也證明此點。而榮格後來自己也意識到，並將此現象作為癔症的一種——癔症性人格障礙寫入自己的博士論文。

知識補充小帖：二十四個比利——多重人格障礙

說到多重人格障礙，就不得不提到一部經典的電影——《二十四個比利》，這是一部紀實性的長篇小說，後來被拍成同名電影，有興趣的可以看一看。

這裡特別說明一下，這篇小說所記載的故事，全都是真實的。

一九七七年，在美國俄亥俄州，發生了一系列的強姦、搶劫案，不久後警方抓獲了犯罪嫌疑人——威廉．密里根（比利）。

按照美國法律，這貨犯下的是牢底坐穿的重罪，但令人跌破眼鏡的是比利對所犯下的罪行毫無記憶，不久之後竟然被無罪釋放了。

原因很簡單，比利是一位多重人格障礙患者。

在比利的身體裡總共存在著二十四個人格，每一個人格都像另一個完整的人，在性格、智商、國籍、性別、語言上都完全不同。這些人格輪番坐莊，控制比利的身體。

我認為二十四是一個很不錯的數字，打麻將的話正好六桌，鬥地主也剛好八局。

這裡面有承受者戴維、守護者雷根、流氓菲利浦、職業騙子凱文、小丑李、工作狂馬克，甚至還有女同性戀雅德蘭娜……

用一句話來形容：一個身體裡，居住了二十四個靈魂。

在異常心理學中，這是心理疾病的一種，在國際疾病分類（ICD-10）中稱為「多重人格障礙」。

根據《實用心理異常診斷矯治手冊》，多重人格障礙的定義是：患者突然改變身分為另一個人（交替人格），或者被神靈鬼怪或親友的亡靈所附體而出現附體症狀，或者同時表現出兩種或兩種以上身分（雙重人格或多重人格）。

這時患者把自己的真實身分排除在意識範圍之外，完全以另一個人的身分說話和行動，但是沒有幻覺、妄想等精神病型症狀。

多重人格的各個子人格都相互獨立、互不影響，一種人格出現，另外一種自動退場，任何時候都有一個占主導地位的人格「值班」，一般來說不會出現幾個人格同時爭奪身體控制權的情況。

人格的出現和患者當時所處的環境和需要有關係，哪個人格最能適應就出現哪一個，比如說：面對競爭性的環境時就出現自信的人格；需要同情的時候就出現脆弱的人格；在格調較高的場合就表現出有身分、有涵養的人格；在低俗場所就出現吊兒郎當的人格……

其實多重人格障礙，在本質上就是透過頻繁更換人格來適應環境的心理努力。

多重人格的形成，除了遺傳因素外，一般都和童年的創傷，尤其是性創傷有關，所以女孩的發病率遠遠高於男孩，接近九比一。

比利從八歲起，就被繼父毆打、威脅、性侵，一方面他想逃避這個世界，另一方面求生的本能又不斷保護著自己，這兩種力量糾纏在一起，把比利的人格撕成碎片，分裂出一個又一個人格。

走上精神治療之路

大學快畢業的時候，榮格為準備國家醫師資格考試，翻開了那本命中注定的書。要讓各位失望的是，不是佛洛伊德的《夢的解析》（還沒出版），而是克拉夫特·艾賓的《精神病學教科書》。

在此書中，作者將精神疾病的原因，歸結為人格方面的問題，這在當時是一個非常了不起的發現。

這個觀點帶來的強烈衝擊瞬間打通了榮格的任督二脈，使他在科學與哲學、宗教之間搖擺不定的興趣合二為一。

榮格意識到精神病學才是注定屬於自己的專業，後來他在自傳中寫道：

一直到這個時候，我的興趣才從兩支分流合為一支，原來這才是生物學與精神學共通的地方，這裡才是我找遍所有地方卻沒找到的……

當榮格宣布這個決定的時候，老師和同學們的反應比較一致——這孩子的腦袋被門撞壞了！

在當時，搞醫學的都看不起搞精神病學的，認為精神病學是一門非常蠢的學科，而研究這門學科的，自然也不是什麼正常人。

在他們看來，精神病學完全是一幫蠢人集體意淫的產物，精神病醫生和他們的病人，似乎應該劃入同一個類別。

不理解，十分不理解！

儘管面對著各種缺德冒煙的質疑，榮格同學還是一咬牙一跺腳，跳進了精神病學的懷抱。

如果沒有這一咬牙一跺腳，現在中學教室裡懸掛的名人名言裡，也就沒有「性格決定命運」這一句了。

人這一輩子，主見真的很重要！

一九〇〇年，大學畢業後，榮格在蘇黎世伯格爾茨利精神病院開始了自己的精神醫學之旅。

伯格爾茨利是當時歐洲最著名的精神病醫院，其院長尤金．布魯勒在精神病治療方面頗有建樹——「精神分裂」這個術語，即是此君提出。

榮格從學徒（助理醫師）做起，但是其才能很快被發現，被布院長提拔為助手，並安排他去蘇黎世大學工作。兩年後，布院長還安排榮格去巴黎和另一位精神病專家皮埃爾．讓內（大神，後面會講）進修。

在榮格的真命天子——佛洛伊德出現之前，布院長和讓老師，充當了榮格引路人的角色，在榮格一生當中，始終保持著對兩位前輩的敬意。

榮格進入伯格爾茨利後，為了盡快進入狀態，一口氣在裡面待了整整六個月，觀察病人、閱讀資料，可謂毅力驚人。

在當時，精神病醫生們的關注點，是如何對病人進行診斷和分類，然後該打針就打針，該吃藥就吃藥，實在不行了過個電什麼的。直到今天，這個情況依舊沒有多大的改變。

在現在的心理諮商師培訓中，有一門課程叫異常心理學，很多的培訓機構，會請一些精神病醫院的醫師來上這門課（專業，有面子）。

但他們經常會「驚喜」地發現：這幫大神把異常心理學上成了精神病學。

看到這裡請你不要激動，我沒有逗你，異常心理學和精神病學還真的不一樣。精神病學，是要從不同的患者身上找到共同點，其目的是診斷；而異常心理學，則是要去尋找患者的不同點，進行個別治療。

這也正是精神科醫生和心理治療師的不同之處。

兩個網路成癮的孩子，如果去找精神科醫生，醫生問完症狀之後會立刻診斷是網路成癮，然後開點藥打發你走人。

如果去看心理諮商，諮商師會詳細了解孩子的性格、家庭環境、出現問題前後的關鍵事件等因素後得出判斷：這兩個孩子，一個是由於對學業壓力的叛逆，另一個是因為父母惡劣的關係，然後會給出不同的建議和治療方法。

榮格玩的，是後一個模式。

榮格比較關注精神病人到底在想什麼，認為症狀背後隱藏著人格因素、社會閱歷以及對未來的期許，這些才是真正需要去研究和了解的東西。

一九〇五年，在布院長的指導下，榮格建立了一個實驗室，開始用「字詞聯想測驗」這個工具，來研究病人的精神情節及背後的原因。

所謂「字詞聯想測驗」的原理非常簡單——透過反應時間的長短判斷人的想法和意圖。實驗者向患者呈現一系列經過挑選的字詞，要求病人對他最感興趣的做出反應，並對其反應時間進行記錄，如果病人對某個詞的反應時間比較長，或者是在做出反應的時候表現出某種情緒，那就說明這個詞和其心中的某種情結有關。

人的心理，是一個黑箱，是無法使用直接的手段進行讀取的（至少在目前的科學發展水準下），大多的心理學實驗，都是採用間接的測量方法，進行判斷和推理，反應時間就是一個非常好去判斷內心意圖的指標。

我們都有過這樣的體驗，如果你要表達一個真實的意圖，那麼你的反應時間是很短的，但如果你要表達的東西在意識裡進行了加工（說謊），那麼反應時間必定會延長。

後來榮格玩出了名堂，當地的警察和法官在束手無策的時候，經常會來找榮格幫忙，在測謊儀還沒問世的十九世紀，這也算一個創舉了。

一九〇五年，榮格開始在蘇黎世大學擔任精神病學講師，講授心理病理學、原始人心理學，後期講授佛洛伊德的精神分析理論，這一講就是八年，直到一九一三年和佛洛伊德分道揚鑣後才結束。

榮格在蘇黎世大學教書期間，還發生了一件讓人哭笑不得的事情，後來被當作精彩故事廣為流傳……

榮老師在講授催眠課程時，為了讓學生有更直接的認識，經常會把學生帶到他的診所進行現場觀摩。

榮老師對自己的催眠術相當自信。但俗話說得好，夜路走多了，總會遇到鬼的……

有一天，一個大嬸拄著拐杖來到榮老師的診所，據說一條腿已經癱了十多年，後來證明是癔症性癱瘓。

榮老師請大嬸介紹一下病史，大嬸滔滔不絕地講了起來，一講就是半個鐘頭……

榮格老師受不了，打斷了大嬸文情並茂的演講：我們來做個催眠吧！

意外發生了，榮老師的語音剛落，大嬸就閉眼了——進入了催眠狀態！

緊接著，榮老師進入了這是在演哪齣的狀態：老子還沒發動，這人怎麼就倒下了。

傻眼歸傻眼，底下那麼多學生看著，榮老師也只好硬著頭皮繼續下去，費盡九牛二虎之力，終於把這位姑奶奶弄醒了。

神奇的是醒來之後，這位大嬸居然痊癒了，扔下拐杖拔腿就走。

第二年，這位大嬸又來了，這回是背痛。

情節和上次完全一樣——自動睡下去，醒來就好了。

寫到這裡，我想很多看戲群眾都會認為大嬸是騙子，連榮格自己都差點信了。

治療結束之後，榮格和大嬸詳談了一次，原來大嬸有個兒子，母親自然希望兒子成就一番事業，但造化弄人，兒子得了精神病。

榮格意識到大嬸是出現了移情，在潛意識裡把自己當成兒子了，於是和大嬸交流了這個問題，大嬸表示接受，從此再也沒發過病。

然後大嬸就到處宣傳榮格是神醫，還強烈要求認榮格當乾兒子，榮格也贏得了人生中第三個外號：巫師。

知識補充小帖：西方精神病治療的歷史

和身體疾病的治療一樣，西方精神疾病的治療也經歷了從愚昧到文明，從無知到科學的過程，按歷史進程劃分大致可以分為古代、中世紀、文藝復興時代、近代、現代五個歷史階段。

❖ 古希臘時代

我們先來看一個單字，psychiatry。

這個單字的意思是「精神病學」，這個字源於希臘語，前半部 psyche 是靈魂的意思，後半部 iatria 是治療的意思。

儘管相隔千山萬水的遙遠，但古希臘那幫兄弟們在靈魂的理解上和我們東方民族是一致的，都認為有獨立於肉體的靈魂存在。

精神出問題，就是靈魂生病了，需要治療，所以就產生了 psychiatry 這個單字。

古希臘有一位大神，叫希波克拉底，這位大神是古希臘著名醫學家、科學醫學的奠基人、精神病學之父。如果讀者中有醫學院的學生，你們肯定發過這麼一個誓言：

值此就醫生職業之際，我莊嚴宣誓為服務於人類而獻身。我對施我以教的師友衷心感佩。我在行醫中一定要保持端莊和良心。我一定把病人的健康和生命放在一切的首位，病人吐露的一切祕密，我一定嚴加信守，決不洩露。我一定要保持醫生職業的榮譽和高尚的傳統。我待同事親如弟兄。我決不讓我對病人的義務受到種族、宗教、國籍、政黨和政治或社會地位等方面的干擾。對於人的生命，自其孕育之始，就保持最高度的尊重。即使在威脅之下，我也決不用我的知識做逆於人道法規的事情。我出自內心以榮譽保證履行以上諾言。

這段誓言的版權作者，正是希波克拉底。

言歸正傳，希大夫認為：人的體內存在四種基本的體液：血液、黏液、黃膽汁、黑膽汁，他認為健康人的四種體液搭配是平衡的，一旦某一種過多或過少，人就會生病。

比如說，希大夫認為，憂鬱症的發生，是因為過多的黑膽汁進入了腦子……

但希大夫只是打打嘴砲，並沒有付諸實踐（大概心裡也沒譜）。在希大夫的啟示下，羅馬時代的一位大神蓋倫撰寫了一部兩百萬字的巨著，闡述自己的放血療法，並積極地付諸實踐。

放血療法的效果如何我沒有去深究，但是我知道有兩個超級大人物都是死在這種療法之下，一個是十七世紀居首位的查理二世，另一個是美國首任總統華盛頓。

一個是輕度中風，一個是咽喉炎……

❖ 中世紀

按照正常的邏輯，時代向前發展了，醫學水準也應該隨之提高，但這個定律在中世紀的歐洲被無情地打破了。

西元五世紀後，隨著古羅馬帝國的瓦解，歐洲大陸進入了黑暗的中世紀。在中世紀，醫學澈底淪為了宗教和神學的工具與附庸。

在中世紀，精神病人被認為是魔鬼附體，既然是魔鬼附體，那自然不可能有什麼好待遇。

好一點的被送進教堂，用禱告、符咒、驅邪等方法治療。差一點的，就倒大楣了。中世紀後期，精神病人被用烙鐵烙、舌頭穿針、鐵鍊鎖起來等手段處理。

宗教人士的理由是：懲罰肉體，拯救靈魂。

很多人非但沒有被治好，反而惡化了，還有很多人乾

中世紀的精神治療情景

脆就被活活玩死了。

❖ 文藝復興時代

十四世紀，文藝復興開始，新思想、新觀念的思潮終於把被折磨了幾百年的精神病人暫時解脫了出來。

但是由於缺乏有效的治療手段，精神病人的待遇比囚犯也好不到哪裡去，大多數的歐洲城市都採用各掃門前雪的做法——把精神病人驅逐出自己的城市，甚至把精神病人送上「愚人船」任其自生自滅。

各掃門前雪的後果就是一起被雪埋：歐洲各大城市都出現大量有精神問題的流浪者，為了防止這幫人成為危害社會的不安定因素，歐洲各國開始修建收容精神病人的瘋人院。

但收容的目的，僅僅是為了不讓他們跑出來危害社會，說白了和監獄也沒什麼區別，待遇也很差，精神病人根本得不到應有的治療和護理，生不如死。

還有幾個缺德的傢伙，把精神病人當成稀有動物展覽。

❖ 理性的近代

十七世紀之後，隨著工業革命的興起，科技飛速進步，醫學也逐漸擺脫了神學的束縛，終於在十八世紀，精神病被承認是一種需要治療的疾病，而不是之前那些亂七八糟的玩意。

說到這裡，榮格的老師之一，皮埃爾·讓內要出場了。

皮埃爾·讓內，法國心理學家、精神病學家，十八世紀法國大革命之後，被任命為巴黎瘋人院的院長。

在皮院長的手裡，巴黎瘋人院轉型成了巴黎精神病院，精神病人們得到了人道的待遇，以及應有的治療和照顧。

這個轉型堪稱精神病學發展史上最具有歷史意義的轉型，為精神病學的發展奠定了基礎，自此開始，歐洲的精神病學開始走上了正確的發展道路，克雷佩林、布魯勒、佛洛伊德、巴夫洛夫等人紛紛提出了自己關於精神病學的理論。

婚姻和女病人

榮格的婚姻，大致可以用兩句話來進行概括：

第一句，叫逆襲。

第二句，叫家裡紅旗不倒，外頭彩旗飄飄。

榮格二十一歲的時候，去母親的一位朋友家串門，在其家中見到了十四歲的小蘿莉艾瑪，榮格立即認定，這就是我命中注定的老婆，也不知道他是怎麼認定的……

但當時的榮格，卻沒那個膽子去表白，原因非常簡單，窮！

用現在的眼光來看，艾瑪是標準的白富美，年輕漂亮不說，老爸還有錢。

榮格呢，窮得勒褲腰帶，實在沒那個分量！

但窮歸窮，榮格同學還是非常帥的，要知道，在電影《危險療程》中，飾演榮格的人可是麥可・法斯賓達。後來法斯賓達還演過另外一名大咖——史帝夫・賈伯斯。

六年後，榮格從醫學院畢業後向艾瑪表白成功，上演了迎娶白富美的勵志故事，但這還不是他的巔峰……

艾瑪是榮格生命中非常重要的人，她富裕的家境，給榮格帶來了優越的生活，使得榮格不用為生活上的事情分心，而專心投入到精神的世界。後來榮格失意時周遊世界，如果沒有這麼一位富二代老婆的支持，也是不可能的事情。

在事業上，艾瑪也給了榮格非常多的幫助，參與了榮格的分析心理學派的研究。榮格和佛洛伊德交惡時，艾瑪一直在其中嘗試化解。榮佛分手後榮格創立了分析心理學協會，首任主席就是艾瑪。

艾瑪在榮格心中地位極高，稱之為精神支柱亦不過分。艾瑪去世後，榮格在墓碑上刻下了自己的心聲：你是我房屋的基石。

基石歸基石，榮格在男女關係，尤其是和女病人的關係上，還是比較過分的。

過分歸過分，榮格在這方面，那是相當有天分。如果這位大哥出生在中國，其成就即使比不上韋爵爺，也至少不會遜色於西門大官人。

榮格的私人診所開業後，生意不錯，但他賺的那點錢在老婆眼裡，也就是個零花錢，這位大哥基本上是被老婆包養的。

榮格治療做得好，人長得也很帥，女病人們紛紛移情，今天有人說自己是榮格的情婦，明天有人說榮格要為她離婚，後天又有人說要替榮格生孩子……

然後老婆就很焦慮，然後榮格就忙著救火……

有一句話可以完美地形容這種場面——鬧得雞犬不寧！

在這堆雞和犬裡，有兩位比較有名，一位叫薩賓娜，另一位叫托尼‧沃爾夫。

如果說榮格和薩賓娜的關係算露水情緣的話，那麼和托尼．沃爾夫，那就是長期且公開的不正當男女關係。

托尼．沃爾夫，也是榮格的女病人，因為憂鬱症找榮格治療。榮格發現其天資聰穎，骨骼清奇，治癒之後就留下來做了助手，之後收作小四（和薩賓娜還沒分手）。

榮格的行為讓艾瑪相當受傷，但又無可奈何，榮格似乎把出軌看成天經地義的事情，在其給佛洛伊德的信裡寫道：美滿婚姻的先決條件就是對不忠的容忍……

後來當榮格和佛洛伊德決裂，精神面臨危機之時，托尼．沃爾夫給了榮格極大的幫助，後來艾瑪也終於妥協，接受了托尼．沃爾夫。三個人經常一起聚餐、划船，後來托尼．沃爾夫也成了心理學家……

因書結緣

一九〇〇年，新的世紀到來，佛洛伊德的開山巨著《夢的解析》正式出版。在長達六年的時間裡，銷量達到了驚人的三百五十一本。三百五十一位購書者中，就有卡爾．榮格。

當時榮格剛剛畢業，進入伯格爾茨利精神病院，伯格爾茨利作為當時歐洲最負盛名的精神治療機構，識貨的人自然很多。

榮格的老師，布魯勒院長就是一個相當識貨的人。

在布院長的大力推薦下，榮格翻開了這本偉大的巨著，卻立刻發現了一個非常嚴重的問題——看不懂。

榮格同學當時還是一隻小菜鳥，自然搞不懂如此高深的東西。就好像一個剛剛學會開槍的新兵，突然扔給他一本《教你如何開飛機》。

基本上只可能有一種反應——傻眼，還是繼續升級吧……

榮同學想起了那本被他扔到角落裡的書，再一次翻開——這回看懂了。

踏踏實實地打了三年怪，菜鳥進階為老鳥。

榮同學發現佛洛伊德的很多觀點和自己不謀而合，並發現自己的實驗結果（字詞聯想測驗）也可以為佛洛伊德的理論提供有力的證據。

如同伯牙遇到子期，一個人苦苦探索了很久的榮同學，終於遇到了屬於自己的知音。

榮同學把自己的第一本著作《精神分裂心理學》寄給了佛洛伊德，並在信中表達了對佛洛伊德觀點的支持，以及如滔滔江水綿綿不絕的敬仰。

在很多學術場合，榮同學也公開對佛洛伊德的觀點表示支持。

在當時，佛洛伊德的頭上，還扣著「滿腦子黃色思想的淫棍」的大帽子，這種行為在學術界，大致相當於正派弟子令狐沖結交江湖淫賊田伯光。

小伙子相當有種！

初見佛洛伊德

一九〇七年，經過幾年的鴻雁傳書，榮格應佛洛伊德之邀，來到了維也納，這是一次歷史性的會面。

見面地點在佛洛伊德家中，二人一見如故。

會談在友好、熱烈的氛圍中進行，與會雙方深入系統地探討了各自研究領域中的專業問題，並展望了精神分析運動的美好前景。

榮格表示，願追隨佛洛伊德左右、以效犬馬之勞。

會談共進行了十三個小時，相愛相殺的故事就此拉開序幕。

在榮格出現之前，佛洛伊德最得意的弟子是猶太老鄉阿爾弗雷德．阿德勒，佛洛伊德一直視阿德勒為精神分析運動的接班人，然後搶生意的來了⋯⋯

驚人的天資、布魯勒的學生、伯格爾茨利的背景、豐富的精神病治療經驗、一路飆升的人氣，在這一系列光環的照耀下，阿德勒在佛洛伊德眼裡頓時變成了凡夫俗子。

人比人得死，貨比貨得扔！

然而對於佛洛伊德來說，榮格的另外一個身分——雅利安人，則更讓他看重，後來也成為佛洛伊德說服阿德勒等人接受榮格的重要理由。

在榮格加入之前，佛洛伊德的團隊中是一票的猶太人，這在統計學中有一個定義——小樣本。

小樣本自然不能得出大結論，不少小心眼的人，諷刺佛洛伊德的學說是「猶太人精神缺陷的產物」。

猶太人在當時的歐洲，本來就是不入流的存在。

佛洛伊德很鬱悶！

鬱悶歸鬱悶，局還是要解的。在當時的情況下，要破解這個困局，辦法只有一個：拉人——吸引更多的非猶太籍研究者加入，才能消除人們的偏見。

榮格主動來投靠，對佛洛伊德來說，就好像一個窮了八輩子的傢伙，突然中了張五百萬的彩券。

父子情深

佛洛伊德視榮彩券為最得力的助手，後來又指定其為精神分析學派的王儲、繼承人，國際精神分析學會成立的時候，佛洛伊德費了九牛二虎之力擺平阿德勒，推舉榮格為第一任主席。

說得好聽點叫王儲，說得難聽點叫兒子，但佛洛伊德對榮格比對親兒子還要親。

佛洛伊德在給榮格的一封信中寫道：

我信任你，你讓我對未來充滿信心，我現在已經清楚地意識到，正像其他任何人一樣，應該有人來取代我的位置，在我看來，你是最合適的人，請繼續完成我為之奮鬥的事業。

對於榮格來說，佛洛伊德在其心目中的地位，也不僅是學術上的伙伴和老師。

由於老榮格的不給面子，榮格對老爸是極度失望的，在其心裡，一直希望能有一個無所不知的超級老爸。而佛洛伊德恰恰就是這樣一個人，用榮格自己的話——第一個具有現實意義的男人。苦苦尋覓多年的爹地，就在眼前！

榮格在給佛洛伊德的信中寫道：你是我所認識的最傑出的人物，就我的認識和理解而言，沒有誰能比得上你。請允許我以兒子之於父親，而不是平輩的身分來感受你的愛。

一個要找兒子，一個要找爹，需求對上了。佛老爸和榮兒子，從此手拉著手，行走在精神分析運動的道路上。

有效期限六年！

關係危機

有句話叫牙齒難免咬到舌頭，兩個人相處久了，總會有分歧產生，爹和兒子當然也不例外——況且還不是親的。

在見面之前，佛爹地和榮兒子主要靠書信往來，聯繫還不算太密切。見面之後，關係一下子密切起來了，分歧也開始產生。

有一個名詞可以貼切地形容這個現象——見光死。

榮格和佛洛伊德的分歧，主要在兩個方面：對靈異現象的看法和性慾理論。

在靈異現象的問題上，榮格是深信並極其熱衷的，而佛洛伊德對這件事情的看法就兩個字——胡扯！

一九〇九年，榮格第二次來到佛洛伊德的家中，二人談起了靈學，佛洛伊德的觀點一如既往——純屬扯淡！

就在佛洛伊德滔滔不絕地闡述純屬扯淡的原因，榮格同學的牙齒磨得吱吱響的時候，佛洛伊德背後的書櫃突然發出了一聲巨響。

照理說響就響了吧，天乾物燥熱脹冷縮，很正常的事情，但榮格發飆了。

榮格說，這就是靈異事件的證據，你要是不相信，本大仙預測，一會還會再響一次。

佛洛伊德自然不信，可大仙就是大仙，過了沒多久，又是一聲……

後來佛洛伊德特地寫了信給榮格，繼續陳述胡扯的原因，並給榮格同學很嚴肅的批判。

這樣都不信，太傷自尊了！

在性慾理論方面，佛洛伊德認為，所有心理異常的背後，都有性的因素。在一次交談中，佛洛伊德對榮格說：我要你答應我一件事，永遠不要放棄性的理論，讓它變成一種教條，一種不可撼動的堡壘。

榮格從一開始就不贊成這種一竿子打翻一船人的小心眼看法，在其後來出版的《力必多的轉化和象徵》一書中，澈底的否認佛洛伊德的此觀點。

拋開學術觀點上的矛盾不談，佛老爸和榮兒子的需求其實也不是那麼完美的切合。

一個要找兒子，一個要找爹這不假。但是兒子有很多品種，爹也有很多類型。

佛洛伊德想要的是一個聽話的、能完完全全接受自己的理論、對自己言聽計從的乖寶寶，但榮格顯然不是。

榮格同學從小就是個比較獨立的人，他需要的是一個能為他答疑解惑、共同進步的伙伴，而學霸作風濃郁的佛洛伊德顯然也不是這個類型。

終於有一天，兩人感情破裂了……

一九〇九年，佛洛伊德和榮格赴美國講學的途中，榮格無意中提起德國北部發現古屍的新聞，佛洛伊德立刻發飆了，反覆追問榮格：你什麼意思，什麼意思，什麼意思……

然後兩手一攤，白眼一翻——暈倒了！

這是佛洛伊德的第一次暈倒，在未來的日子裡，他還會再暈一次。

佛洛伊德醒來之後老淚縱橫：你對屍體那麼感興趣，分明就是盼著我早點死啊！

榮格：……

搞精神分析的，真的傷不起！

在七個禮拜的旅途中（坐船），二人閒著無聊就分析各自的夢打發時間，有一天榮格做了一個夢，夢到了兩個頭蓋骨，然後佛洛伊德又發飆了。

榮格只好解釋，那是我老婆和小姨子的。

佛洛伊德很滿意，榮格很受傷……

後來佛洛伊德夢到了小姨子，這回輪到榮格發威了。榮格一直懷疑佛洛伊德和小姨子的關係不一般（事後證明確實不一般），這回逮到機會了，熱情地要求為佛洛伊德解夢。

佛洛伊德只用了一句話就澆滅了榮格的熱情萬丈：不能拿我的權威冒險！

你要的是權威，我要的是真理，各安天命吧！

後會無期

一九一一年，在經過了幾個月的內心掙扎之後，榮格的著作《力必多的轉化和象徵》出版，在此書中，榮格澈底否定了佛洛伊德的性慾理論。

榮格知道，此書的出版，將會把自己澈底推向佛洛伊德的對立面——佛洛伊德的學霸作風，不可能容忍門下的人反對自己的核心觀點。

事實也確實如此！

此書出版後，榮夫人艾瑪曾在二人之間斡旋，希望佛洛伊德原諒榮格，但沒有成功。

一九一二年，國際精神分析協會代表會議上，佛洛伊德累積已久的憤怒爆發——發飆了，並且再一次昏倒。

據榮格回憶：「他當時看我的眼神是那樣無依無靠，好像我是他爹一樣……」

至此，榮格在精神上幹掉了佛洛伊德，不再是那個苦苦尋爹的小孩。

一九一三年一月，榮格和佛洛伊德正式決裂。

自我分析

當時的榮格好不容易找到了個夠格的爹，沒幾年就被自己幹掉了（精神上）。否認了佛洛伊德的理論，又沒有自己的理論和方法，以後的路不知道該怎麼走。

榮格已經三十八歲，正是需要成就感、需要證明自己的時候，偏偏在這個時候出了這麼一檔子事，用現在的說詞形容就是——中年危機來了。

情緒處於低谷的榮格精神上出現了問題，開始不斷地出現各種幻覺，不斷地夢見洞穴、屍體、木乃伊和噴湧的鮮血……

一九一四年春天，榮格不斷地做同一個夢：整個北歐被洪水淹沒，洪水中漂浮著屍體，流出的鮮血把水染紅，在洪水接近瑞士的時候，阿爾卑斯山突然升高，瑞士逃過一劫。

幾個月之後，第一次世界大戰爆發，大半個歐洲被捲入了空前的浩劫，但瑞士作為中立國並未參戰——榮格無意間預感到了危機的來臨（大仙就是大仙）。

學過異常心理學的人都知道，幻覺是精神分裂的重要症狀之一，榮格當時的精神狀態，已經達到了一個非常危險的程度。

但榮格並沒有被幻覺嚇倒，儘管作為一個精神科醫生，他十分清楚這些幻覺意味著什麼。他將這些幻覺視為一個難得的研究機會。

榮格辭掉了所有的工作，宅在家中一心一意地分析自己的夢和幻覺。

知識補充小帖：精神分裂的重要症狀——幻覺

根據《實用心理異常診斷矯治手冊》，精神分裂的定義是：一種以精神活動與現實環境相脫離，主訴有認知過程、情感過程、意志過程互不協調、相互分裂的特徵，並伴有幻覺、妄想、緊張綜合症等在一定程度上也反映「分裂」特徵的其他症狀的精神病。

精神分裂的病因主要是遺傳因素，病發多見於青壯年，以十五～三十五歲最為常見，其臨床表現主要是思維障礙（思維散漫、思維中斷、思維貧乏、妄想）、幻覺、情感障礙（情感淡漠、情感倒錯等）和行為障礙（社交退縮、行為怪異、緊張性興奮、麻木等）。

其中幻覺是精神分裂的重要診斷要點之一，比如認為周圍的人都要害他，認為有人在跟蹤他，聽到一些不存在的聲音，看到一些不存在東西。

但是出現幻覺不一定就是精神分裂，人在嫉妒的焦慮、恐懼下，或者受到強烈刺激的時候，也會出現幻覺。

關於精神分裂的診斷標準，請查閱《實用心理異常診斷矯治手冊》161頁，在此不詳述。

在這段時間裡，榮格不斷地和幻覺對話，進行自我分析，並研究了各種神話故事，以解讀心中那些來歷不明的東西。

經歷過這些，榮格逐漸形成了獨特的治療方法。

榮格認為，如果能把內心隱藏的情感，透過夢境等形式表現出來，就能有治療的作用。在和幻覺的對話中，榮格經常遇到兩個人物，一位是女性的形象——莎樂美，另一位是老人的形象——費爾蒙。

在莎樂美和費爾蒙的幫助下，榮格成功地和無意識進行了對話，並提出了「原型」這個概念，這是榮格人格理論的重要組成部分。

莎樂美是永恆的女性原型，而費爾蒙是智慧老人的原型，後來榮格又提出了其他的原型，如阿尼瑪（男性心中的女性意向）和阿尼姆斯（女性心中的男性意向）等。

第一次世界大戰爆發後，榮格做了一段時間的軍醫，在這期間，榮格每天都會在本子上畫一些圓形的圖案，透過這些圖案來觀察自己的內心，當心情好的時候，畫得會很好，當心情不好的時候，就會畫得很爛。

在現代心理治療方法中，有一項技術叫繪畫治療，所謂繪畫治療是透過繪畫的過程，利用非言語工具，將潛意識內壓抑的感情與衝突呈現出來，並在繪畫的過程中獲得疏緩與滿足，以達到診斷與治療的良好效果。諮商師透過對繪畫的解讀，透析深度困擾人們的癥結。

榮格發現，透過畫圓，可以調和心中矛盾的、對立的因素，從而保持寧靜，這和現代繪畫治療的理念也是不謀而合的。

就這樣，榮格發現了其人格理論中最重要的原型：自性——協調人格的各個組成部分，使之達到整合、統一，使人具有穩定感和一體感。

後來榮格發現，自己每天都在畫的圈圈，在神祕而古老的東方名為曼陀羅。在印度和中國的西藏，這是僧侶和修行者們冥想時的重要工具，也是最高精神境界的象徵。

榮格立刻對神祕的東方文化產生了濃厚的興趣，一頭栽進了對東方文化的研究中。在榮格研究過的東方典籍中，有兩本比較有名，一本叫《太乙金華宗旨》，另一本叫《易經》。

《太乙金華宗旨》，道家內丹典籍，傳說是呂洞賓所傳，王重陽所著，講的是一些內丹、元神方面的修練技術，曾經痴迷仙俠的我翻過兩頁，看不下去……

此書後來被德國友人翻譯為德文，名字比較無語——《金花的祕密》，不過相比把《水滸傳》翻譯成《三個女人和一百〇五個男人的故事》，這個翻譯已經算是信達雅了。

我沒看進去，榮格看進去了，不光看進去了，而且還很喜歡。因為道家所說的靜心、打坐、練氣、凝丹之類的在西方有另一個名字——冥想。

另外一本書《易經》就更有意思了。

《易經》，周文王姬昌所著，堪稱群經之首，經書中第一萬能法寶。上到天外來客，下到人類前途，據說這本書都能推算出來。

榮格詳細地研究了這本萬能法寶，並親自製作了一套算籌，每當拿不定主意的時候，就會拿出來算一卦……

直到他遇到了胡適，胡適告訴他：那不過是一種古老的魔法，沒什麼意義……

除了研究東方文化，榮格還研究了歐洲大陸以外的其他文化，在有錢老婆的支持下，榮格的足跡遍布北非、中非、北美和印度。

榮格後來還痴迷了一陣煉金術，雖然沒有煉出東西，但煉金術中的祈禱和冥想方面的內容，也為他後來創立分析心理學提供了靈感。

開山立教

一九一六年，榮格結束了三年的閉關修練，再起之日，名動天下！

一九二一年榮格發表了著作《心理的類型》，在此書中，透過討論自己和佛洛伊德以及阿德勒等人的性格差異，首次提出了人格類型劃分的概念和方法——後來五花八門的人格類型學說，都是在向榮格致敬。

緊接著，他一口氣發布了六十多部書籍和文章，並進行了大量的演講。在這些書籍和文章裡，榮格確立並闡述了自己的核心觀點——意識、潛意識和集體潛意識，以及各自的組成和作用。

核心觀點的確立，標示著榮格分析心理學的正式創立。

晚年

晚年的榮格隱居於蘇黎世湖畔，居住於自己設計的塔樓中。

在這個風景如畫的地方，榮格度過了人生最後的時光，在這段日子裡，榮格依舊在默默地思考，並筆耕不輟，完成著人生最後的任務。

榮格在屋頂安裝了一根旗桿，當需要靜心思考的時候，就會升起一面黃色的旗子——閉門謝客。

一九四八年，榮格的擁護者雲集蘇黎世，成立了以榮格為核心的蘇黎世榮格學院。

一九五七年榮格的自傳《回憶・夢・省思》完稿。

一九五八年，蘇黎世議會在市議會大廳為榮格舉行了盛大的生日會，並授予榮格「庫斯納赫特榮譽公民」稱號。

一九六一年六月六日，榮格喝下最後一瓶紅酒之後，在湖畔的家中安然去世。

知識補充小帖：繪畫治療

母親帶著女孩走進了心理諮商室，女孩從小膽子就小，長大之後不敢和別人打交道，甚至和同寢室的室友都無法正常相處。

諮商開始的時候，女孩非常抗拒諮商師的問題，無論諮商師怎麼發問，她總是咬著嘴脣，一言不發。

這時諮商師拿出一張紙和一支筆：我們來畫個畫吧，想畫什麼就畫什麼。一刻鐘後，女孩畫了一幅圖：在一個高山環繞的谷地裡，有一個湖泊，湖泊的邊上環繞著重重的森林，湖中央有一座小島，小島上有一座竹樓。女孩告訴諮商師，這就是她希望的世外桃源。

透過這幅畫，諮商師發現女孩的內心非常缺乏安全感，具有非常強的防衛心理，潛意識透過把自己封閉起來而獲得安全感。

女孩接受了諮商師的判斷，開始向諮商師敞開心扉，原來女孩很小的時候父親在外地工作，和母親一起生活，母親本身就是一個缺乏安全感、不肯相信他人的人，久而久之女孩就變成現在這個樣子。

經過幾次諮商，諮商師讓女孩意識到了自己的問題所在後，又打開了那幅畫，其實女孩並沒有澈底關閉自己的心門，因為在小島上畫了一艘小船，森林中有一條小路，而群山之間也有一條出入的峽谷。

其實女孩內心深處一直有和他人交往的希望，只是被童年的陰影和不恰當的認知方式所遮掩了。

就這樣，女孩子認識到了自己的問題，並燃起了積極改善的希望，經過幾次諮商，慢慢恢復了正常。

這就是繪畫治療的一個案例。

所謂的繪畫治療，就是讓來訪者透過繪畫的過程，將混亂的內心、難以描述的感受用直觀的方式表達出來。

透過這種過程，可以將潛意識中壓抑的情感和衝突呈現出來，並且在繪畫的過程中得到疏解和滿足，從而達到診斷與治療的效果。

因為表達手法簡單（作畫），所以對成年人和兒童都比較適用，尤其適用於不善言語表達或言語表達有障礙，以及因為心理阻抗過大而不願意回答的來訪者。

治療中比較常用的有繪人測驗、畫樹測驗、房樹人測驗等。

和佛洛伊德理論的區別

說完了和佛洛伊德的恩怨情仇，我們來談一談榮格和佛洛伊德在理論方面的區別，我大概總結了一下，兩句話：

第一句：人的行為不光是兩腿之間的因果，還是祖先意識的傳承。

第二句：人格的發展既被過去推動，也被未來牽引。

性本能不重要

先說說兩腿之間那點事，在佛洛伊德篇中，講過一個名詞，叫力必多。佛洛伊德所謂的力必多，就是性本能。

佛洛伊德認為力必多（性本能）是人格的根本動力，人的一切行為皆受力必多推動的。

這種一竿子打翻一船人的觀點，為佛洛伊德招來了一頂眾所周知的大帽子——泛性論。而榮格認為力必多是一種普遍的生命力，包含了生殖、生長和其他功能（情感、思維等），所謂吃喝拉撒、衣食住行、婚姻戀愛、相夫教子無所不含。性本能只是力必多的一小部分而已，也不像佛洛伊德所想像的那麼重要。

在生平篇中我們介紹過，佛爹地和榮兒子在理論方面的主要分歧，就在這裡。佛爹地要榮兒子堅守性的陣地，並視其為教條和堡壘，榮兒子不要，然後感情破裂了……

一九一一年榮兒子在著作《轉化和象徵》中闡述了這個觀點，這直接導致了和佛爹地的分道揚鑣。

潛意識觀點不同

關於潛意識，榮格的觀點和佛洛伊德也有所不同。

佛洛伊德對潛意識的看法比較負面，認為潛意識是陰暗、消極的，包含著原始的本能性衝動，以及各種被壓抑的、不被世俗所容忍的慾望。

一句話，都是些見不得人的玩意！

榮格對潛意識的看法則非常積極，認為潛意識是有生命的、智慧的，與潛意識的對話是人格成長的重要歷程。

原因很簡單，潛意識在榮格的成長歷程中曾扮演過兩個重要的角色，一個是救命恩人，一個是精神導師。

和佛爹地分手後那段痛苦鬱悶、瀕臨精神分裂的日子裡，榮格正是透過和潛意識的對話，走出了精神上的沼澤，創立了自己的理論。

榮格的幻覺之旅，在莎樂美（女性原型）和費爾蒙（智慧老人原型）的引導下，走進了無意識的世界，並提出了「原型」的概念，這是其人格理論極其重要的組成部分。

榮格後來說，他所有重要的分析心理學思想，都與費爾蒙有著不解的淵源。

打個比方，佛洛伊德把潛意識看成一座關押著無數窮凶極惡罪犯的監獄，而對榮格來說，潛意識則是智慧和靈感的泉源。

在意識的結構和層次上，榮格也提出了和佛洛伊德不同的觀點——集體潛意識理論。

榮格把潛意識分為個體潛意識和集體潛意識，個體潛意識是被壓抑的經驗，由各種情結（稍後細講）組成。

而集體潛意識是漫長的進化過程累積而成，並透過遺傳繼承此經驗。

如果你不明白，我們來舉幾個例子。

蛇是很多人恐懼的東西，我尤其害怕。在榮格的理論中，對蛇的本能性恐懼，是祖先意識的傳承，傳承目的是讓我們活得久一點。

在遠古時期，偉大的建築工程師有巢氏還沒有出生之前，我們祖先的居住方式和大多數動物沒什麼區別，要麼睡山洞，要麼睡樹底下。這種居住方式自然避免不了和蛇親密接觸，而那個時候，這種本能還未形成，人慫膽大後果就是被蛇幹掉。

經過漫長的進化過程，這種恐懼感根植在了基因中，一代代傳承給了我們。每當我們看到這種動物，就會本能地害怕。

人不光怕蛇，而且怕黑，因為晚上是野獸出沒覓食的時間，我們的祖先既缺乏防衛能力，又沒有進攻手段，所以到了晚上就只能躲在山洞裡瑟瑟發抖。有些敢出去蹓躂的，基本上都被野獸覓走了，活下來的都是一幫怕黑的——我們的祖先。

小朋友不愛吃蔬菜，是因為遠古的時候，祖先們不知道什麼植物有毒，很多人由於亂吃就掛掉了，最著名的人物就是上古三皇之一的神農。

而魚和肉，除了河豚之類的暗黑物種，基本上都吃不死人。

經過漫長的時光，這些情緒和本能就以集體潛意識的形式遺傳了下來，根植在我們每一個人的心中。

關於集體潛意識，下文中我們還會細講，這裡就不詳述了。

迥異人格的發展觀

在人格的發展方面，佛洛伊德認為，人的早期經驗對人格的形成有較大的影響，而榮格認為，過去經驗的推動和未來期望的牽引同樣重要。

佛洛伊德根據身體集中產生快感之部位的轉換，將人格的發展階段分為口腔期、肛門期、性器期、潛伏期和兩性期，認為每一階段性本能的滿足方式和程度大小，決定著人格的形成。

如果你在大街上，隨便逮到一個人，問他孩子的性格會受哪些因素的影響，你得到的答案大致如下：遺傳、社會、家庭、文化……

最早提出這些觀點的人，正是榮格。

榮格認為，心理治療的目的是發展健全的人格，而健全人格的發展就是自性化——在意識的指導下，意識和潛意識融為一體的過程（不懂沒關係，後面會仔細講）。

而影響自性化的因素，是遺傳、社會、家庭、文化……

情結理論

情結這個詞彙最早由榮格提出。說到情結，大家肯定都不會陌生，諸如戀父情結、戀母情結、處女情結，在我們這個年代已經是耳熟能詳的詞彙。

但如果我問你什麼叫情結，能回答出來的人大概很少，下面就來講一講情結是什麼，以及情結是怎麼來的。

俗話說物以類聚，人以群分，心理內容也是一樣，同樣或相似的內容也喜歡聚集在一起。

榮格認為，情結是個體潛意識裡聚集在一起的情緒性觀念群，是具有相對自主性的心理叢。

這個定義十分拗口，還是講得白話一點吧。

近些年網路上流行著一個字，叫「控」，諸如蘿莉控、御姐控、正太控……

我一直認為，發明這個詞語用法的仁兄一定深諳榮格的理論，因為一個「控」字完美地詮釋了情結的內涵。

情結就像整個人格結構中的一個個子人格，有自己的自主性和強大的力量，可以控制我們的思想和行為。當個體有某種情結時，心靈就會被某種心理問題強勢占據，使之無法思考任何其他事情，而本人卻往往意識不到。

舉個可能不太恰當的例子，情結就像毒癮一樣，每當發作的時候，癮君子們眼裡就只有那一小坨白色的粉末，其他的事情統統拋諸腦後。為了那一小坨可以六親不認，可以殺人放火，可以喪盡天良。

有處女情結的人，在和女友的相處過程中就會特別在意對方的情史，一旦發現對方不是處子，極有可能做出過激的舉動。

有戀母情結的人，年齡很大了還離不開母親，跟母親的關係比跟老婆還親，或者乾脆找一個和母親差不多大的老婆，所以老婆也叫新娘……

有完美主義情結的，不光對自己要求十全十美，對他人更是吹毛求疵，誰要是碰上這樣的另一半或者主管，那絕對是倒了八輩子的楣！

榮格認為，人人都有情結，只是或多或少的問題，如果我們不能察覺和認識我們的情結，就會在不同的程度上受到情結的控制和擺布。

一旦我們認識並了解情結，儘管它們不會消失，但是影響會逐漸減輕。而心理治療的目的，就是幫病人解開情結，從束縛中解脫出來。

但在這裡要特別提醒，如果你不是心理諮商師，最好不要在別人的這件事情上多嘴。因為情結往往是人心裡最隱密、最不願意提起的東西。一旦被人揭開傷疤，他一般不會感謝你，而且會對你的祖宗十八代致上最誠摯的問候。

情結的發現

一九〇五年，還在伯格爾茨利打怪練級的榮菜鳥受到字詞聯想測驗，發現了情結的存在，認為透過情結可以找到心理異常的原因。

所謂的「字詞聯想測驗」，我在「生平篇」中介紹過：實驗者向患者呈現一些字詞，要求病人對最感興趣的做出反應，如果病人對某個詞的反應時間比較長，或者是在做出反應的時候表現出某種情緒，那就說明這個詞與其潛意識中的某種情結相關，這個詞就叫作情結指示詞。

有處女情結的人，會在意初次、二手、前男友、婚前性行為、戳破、紅色等詞語。而有戀母情結的，會在意母親節、康乃馨、哺乳、慈愛、年長等詞語。

再後來，榮格在實驗中對患者的體溫、心跳、生物電位等生理指標進行監測，每當情結指示詞出現時，以上指標也會呈現較大的變化，這就是測謊儀的雛形。

情結的來源

在和佛洛伊德的蜜月期，榮格對情結的解釋和佛洛伊德一脈相承——認為情結是由早年創傷引起的。比如戀母情結，極有可能是年幼時缺乏母愛而形成的補償。

但後來，榮格發現，情結的背後似乎還有著更久遠、更神祕的因素。

究竟是什麼因素如此神祕？我們來聊一個大家應該很感興趣的話題：處女情結。

當身邊有親戚朋友生孩子的時候，大家一定會去探望，而探望的時候，有一個話題是避免不了的——這寶寶長得像誰？

答案無外乎兩個：爸爸或媽媽，如果你非要說這孩子長得像你或者隔壁老王，被人打殘我也不會同情你。

但我告訴你，每次我去看小寶寶，我的答案只有一個：像爸爸！

因為每個女人都能百分之一百確定這娃是親生的，但男人們一般來說都沒有這個自信。

從基因學角度來講，個體生存的目的，就是把自己的基因傳遞下去。

在原始社會，人類是群居的，性關係相當不固定，女人生了孩子基本上不大可能知道是誰的，所以在那個時候，父親的角色一般由舅舅承擔，這個一般不會搞錯。

外甥和舅親，不是沒有道理的！

隨著社會的進步，婚姻制度逐漸確立，這事開始相對有根基，但還是有比較大的風險，因為有一個詞叫紅杏出牆。

為了不幫別人養孩子，男人們可謂是手段用盡，封建禮教、三從四德就不說了，講兩個比較殘暴的。

第一個，叫裹腳。古時候，婦女的腳要裹成三寸金蓮，其實不是為了好看，而是為了限制婦女的行動能力。

腳裹小了，走不了遠路，就沒法出門找野漢子；沒法翻牆頭，就不用擔心隔壁老王……

另一個，就更殘忍了，叫殺首子。老婆娶進門之前，是不歸你管的。萬一結婚之前有點什麼意外，在那個時候，除了看像不像之外，也沒有什麼可靠的檢測手段（滴血認親純屬扯淡）。

為了保證血統的純淨，把生下的第一個小孩幹掉，然後對老婆嚴加看管，老二才是妥當的親兒子。寧可錯殺一千，也不放過一個……

除此之外還有更殘忍的諸如浸豬籠之類的私刑，可見在漫長進化過程中，男人對這件事情始終是相當焦慮的，而這種焦慮，就以情結的形式傳承了下來。

配偶是處子，才能保證孩子是親生的，才能保證祖先的基因傳遞下去，這就是處女情結的根源所在。

為什麼女人沒有處男情結，因為女人在這件事情上有絕對的自信……

再比如伊底帕斯情結，榮格的理解和佛洛伊德也完全不同，榮格認為，伊底帕斯情節是原始部落遺傳下來的原始意向，久遠的種族記憶。

在原始社會，沒有道德人倫，也沒有封建禮教，伊底帕斯王的故事，自然很容易上演，久而久之，就以伊底帕斯情節的形式傳承了下來。

人格結構，集體潛意識

Psychology，這個單字大家應該都認識——心理學，如果你連這個單字都不認識，我也就沒什麼好說的了。

這個單字起源於希臘字根 psyche，psyche 在希臘語中是心靈、精神的意思。就字面上說，心理學就是研究人類心靈和精神的科學。

這個定義應該非常符合大家對心理學的理解和期待，但事實卻並非如此。

現代心理學有很多學派，包括精神分析學派、人本主義學派、行為主義學派、認知學派、格式塔學派等。

如果按照字面意思把心理學定義為研究人類心靈和精神的科學，有不少學派是要捲鋪蓋滾蛋的——比如說以虐狗狂人巴夫洛夫為代表的行為主義學派。

因為行為主義研究的並不是內在的精神世界，而是外在的行為。而且大多數時候這幫怪人的研究對象也不是人類。

巴夫洛夫虐的是狗，桑代克摧殘的是貓，史金納的實驗對象是鴿子和小白鼠……

而榮格的理論，最貼近心理學的定義。

榮格的人格理論，可以用三句話來概括：

第一句：人格是一個整體，包含了人所有的思想、感情和行為；

第二句：人格具有與生俱來的整體性，要避免分裂；

第三句：人格的功能是使個體能調節與控制自己，使之適應自然和社會環境。

榮格認為，人格即精神（psyche），它包含了人所有的思想、情感和行為，無論是我們意識到的，還是沒有意識到的。

人格生來就是一個整體，而不是各種功能的拼盤，更不是雜燴。人的一生，都是在完整的人格基礎之上，去發展連貫性和多樣性。

而人格的功能，是透過調整和控制，使人適應社會和自然環境：你在哈爾濱知道穿羽絨衣，在海南島知道換寬鬆的褲子；今天你是王某某，明天還是王某某，後天也不會變成李某某；在家裡可以和老公發嗲撒嬌，到了公司就不苟言笑；三歲時知道撒尿玩泥巴，七歲時知道好好讀書，二十歲知道成家立業，三十歲知道相夫教子。

這都是人格的功勞！

說到完整，就不能不說一說它的反義字——分裂。

榮格認為，正常的人格是完整的、統一的，而分裂的人格，是不正常的。心理治療的目的，就是恢復人格的完整性和統一性。

佛洛伊德把人的精神活動分為三個層次：意識、前意識和潛意識，後來又在此基礎之上提出了本我、自我與超我的人格結構理論。

榮格透過長時間的自我分析和研究，對佛洛伊德的理論進行了改進，並提出了自己的人格結構理論。

我認為，榮格的人格理論較之佛洛伊德，更可靠一點，所謂長江後浪推前浪，一代更比一代浪。

榮格把人格分為三個部分：意識、個體潛意識和集體潛意識。

意識與自我

意識，包含我們能夠直接意識到的所有心理行為。

榮格認為，意識的形成比較早，可能在胎兒期就形成了（請注意「可能」二字），現在社會上比較流行的一種教育，應該就是在向榮格的這個觀點致敬——胎教。

人的意識，有四種心理功能：思考、情感、實感、直覺。意識在不斷使用這四種功能下逐漸成長。

但這四種功能，人們並不是平均使用的，而是生來就會傾向更常使用某一種：有的人思考能力比較強，有的人情感比較豐富，有的人感覺或直覺比較敏銳。

某一種功能的優先使用，決定了我們與眾不同的人格特徵。

在很多父母眼裡，有一種孩子叫別人家的孩子。什麼都要和別的孩子比，這種比較的結果往往只有一個——自尋煩惱！

因為每個孩子的心理類型都不一樣，都會有自己的長處和短處，不可能每一種能力都是出類拔萃的。

對這些父母，我非常想送給他們一句話：每一個孩子都是獨一無二的，總有一天，他們會走出自己的路。

除了以上四種心理功能，還有兩種心態會決定意識的方向：內傾和外傾，通俗地講，就是內向和外向。

外傾的心態，使得意識較多地指向外部的世界；而內傾的心態，使得意識較多地指向自己的內心。

根據這四種功能和兩種心態，榮格把人格劃分為八種類型。

榮格認為，一個人的意識在發展的過程中會逐漸形成自己的特點，而表現出和他人的不同，這個過程被稱為自性化，而自我（ego）就是在這個過程中產生的。

自我由能感覺到的所有心理活動組成，和佛洛伊德一樣，榮格也認為自我只是全部心理活動的極小一部分。

極小歸極小，自我有一個角色卻十分重要：守門員——人的心理活動，如果過不了自我這一關，是無法在意識中呈現的。

我們身處的世界中，每天會有無數的心理體驗，如果這些心理體驗未經篩選和攔截統統湧入意識，那結果只有一個——崩潰。

而自我就承擔著篩選者的功能，把絕大多數訊息攔截掉，僅僅允許符合標準的訊息通過。

自我透過這種選擇和淘汰，保證了人格的一致性和連續性——今天你在北京，你知道自己是王尼瑪，明天把你丟到上海，你還是王尼瑪，不會變成李二蛋。

但是每個人的篩選標準都是不一樣的，因人而異的篩選標準使得每個人形成了與眾不同的自我。

決定選擇和淘汰標準的因素主要有四個：

1. 心理類型：一個思考類型的人，會更願意選擇思維性質的內容進入意識而不是情感，反之亦然。

2.引起焦慮的程度：人更傾向於接受引起愉快體驗的刺激，而不是引起焦慮的，如果你不明白，你可以回過頭去翻翻佛洛伊德篇中關於防衛機制的內容，有兩種防衛機制，一種叫否認，另一種叫隔離。

3.自性化的程度：自性化程度越高，人格的完整性越強，允許進入意識的東西越多。如果自性化程度不高，心理能量較多的消耗在內耗上，自然沒有多餘的精力來關注其他事情。

在異常心理學中，有一個診斷標準叫意識範圍縮小，在很多心理異常，諸如癔症（分離和轉換障礙）、恐懼症、焦慮症、驚恐障礙的臨床表現上，都會有意識範圍縮小這一項——因為大部分的心理能量都消耗在內心的衝突中了，哪有精力去關注外部的世界。

4.刺激的強度：這個最容易理解，我叫兒子吃飯，好好叫十遍，都不如吼一遍，如果朝屁股上來一腳，那效果更佳！

個體潛意識

個體潛意識，相當於佛洛伊德理論中的前意識，是當前意識不到，但經過回憶能夠想起的心理內容。

榮格認為，情結是個體潛意識的重要組成部分。在早期，榮格認為情結起源於人的童年經驗，但後來榮格發現，集體潛意識才是情結的根源。

關於個體潛意識和情結，在前面已經講過，不再重複，集體潛意識，才是本篇的大菜。

集體潛意識

說到集體潛意識，我們還得把佛洛伊德再挖出來一回。

一九〇九年，佛洛伊德和榮格應霍爾校長的邀請前往美國克拉克大學講學，在幾個星期的無聊旅程中，佛洛伊德和榮格以互相分析彼此的夢來打發時間。

有一天榮格做了一個著名的夢，這個夢在西方心理學史中的地位，不亞於我們的莊周夢蝶。

榮格夢見自己在一棟老房子的二樓，房子裝修一流，格調甚高。隨後榮格走到了一樓，發現一樓的東西都比較陳舊，看起來比較陰暗。然後榮格在地上發現了一枚戒指，榮格撿起了戒指，地上出現了一個向下的密道，榮格走進了密道，進入了一個岩洞，岩洞裡有很多原始的陶器和兩個頭蓋骨。

在榮格和佛洛伊德的恩怨情仇中講過，佛洛伊德當時認為榮格盼著他翹辮子，所以他的注意力放在了那兩個頭蓋骨上。最後榮格不得不解釋成：自己盼著老婆和小姨子掛掉……

佛洛伊德很滿意，榮格很受傷！

但榮格的真實想法是：二樓，代表意識；一樓，代表個體潛意識；而經過密道進入的原始洞穴，是自己心靈深處的原始世界——集體潛意識。在榮格看來，這些頭蓋骨雖然是死人的，但是並不是盼著誰掛掉，而是代表著我們的祖先。

而集體潛意識，正是祖先留給我們的精神遺產。

在上一篇講過，我們今天的想法和行為，不只是兩腿之間的因果，還是祖先生命的傳承。

比如說怕蛇，比如說怕黑，比如說不愛吃青菜……

集體潛意識理論，是榮格的理論中最偉大、最深奧，同時也是最富爭議的部分。

在前面我講了意識和個人潛意識，讀完這兩部分的同學，可能會有一種感覺——這就是照搬佛洛伊德的理論嘛！

佛洛伊德與榮格

事實確實如此，在榮格的理論體系中，意識和個人潛意識部分，基本上還是在向佛洛伊德致敬，而集體潛意識，才是真正屬於榮格的發現。

正是這個偉大的發現，奠定了榮格在心理學界的地位，同時也為他招來了無數的非議。

佛洛伊德認為，潛意識是由壓抑的性慾和童年的創傷形成的，這是典型的環境決定論。而榮格，無情地打破了這一套說法。

榮格認為，我們的祖先在漫長的進化過程中，形成了各式各樣的應對外界環境的方式，而這些應對方式，透過遺傳一代代傳承了下來。

請注意「祖先」二字，這裡所說的祖先，不光是你爺爺的爺爺的爺爺的爺爺……而是會追溯到原始社會，甚至更早的時代，在那個時代，我們可能還不是人類……

可能會有人說我在瞎扯，那我就給你舉個例子。家裡有小屁孩的同學，都見過以下場景：初生的寶寶，當聽到聲音的時候，會雙手抬起，作抓握動作。

這個動作叫摩羅反射。

我們的祖先，還沒有進化成原始人的時候，是一種眾所周知的動物——猿猴。

猴崽子們出生之後，沒有小背簍，也沒有嬰兒車，只能趴在母猴的背上，被母猴背著到處走，每當遇到搖晃等刺激，猴崽子們的本能反應就是抓住媽咪的毛——不然會掉下去，就是這個動作。

知識補充小帖：摩羅反射

摩羅反射是新生兒無條件反射的一種。此指當新生兒遇到突然刺激引起的全身性動作。當新生兒忽然失去支持或是受到高聲、疼痛等刺激時，表現出頭朝後揚，背稍微有些弓形，經常伴有身體的扭動和雙臂立即向兩邊伸展；然後再慢慢向胸前合攏，像擁抱姿勢，同時發出哭聲。此類反射在出生後四個月左右消失。

經過千萬年的進化和遺傳，世代累積的經驗以原始意象的形式保存在我們的大腦中，便構成了集體潛意識。

所謂原始意象，就是人類對某些事件做出特定反應的先天遺傳傾向。講白話一點，就是採取和祖先相同的方式，來應對外部的世界。

原始意象反映了人類幾千年進化過程中的集體經驗，是相對穩定的，在每一世紀裡只增加極少的變異。

這裡要特別提一下，我們平時是意識不到原始意象的，它需要依賴後天經驗才能顯現，我們後天經歷的東西越多，潛在的意象得以顯現的機會就越多。

比如說當年的我，從沒見過蛇，根本意識不到蛇的可怕，但是第一次見到這傢伙的時候，還是會被嚇得屁滾尿流。

所以說人生要多些經歷，這有助於人格的發展。

原型理論

在生平篇中講過，榮格和佛洛伊德分手後，由於精神問題，開始了一段幻覺之旅。在這段旅程中，在莎樂美和費爾蒙的幫助下，成功地和潛意識進行了對話，並提出了「原型」這個核心觀點。同時，也讓榮格產生了一個疑問——這二位貴人，是從哪兒來的？

畢竟素昧平生（聽都沒聽說過），總不會是石頭縫裡蹦出來的吧！

榮格翻閱了大量的資料後發現，類似的人物形象在很多國家的傳說中都出現過，不分地域，不分種族，不分文化。

比如智慧老人，這位老爺爺是內心智慧的原型——原始智慧的形象化，強大無比，無所不知，無所不能。

這個形象在世界各地的傳說中極為普遍，西方有先知，東方有姜子牙，瑪雅有大祭司，新疆有阿凡提……

榮格認為，幾乎所有種族的傳說中都能找到類似的形象，是因為這種意象本來就存在於我們的心中，而不是我們想像出來的。

榮格由此提出了原型的存在——那些經歷許多世代一直保持不變的經驗累積於心中的結果，是一種對後天的事物進行反應的先天傾向，是全人類從古至今共通的東西。他說：一種不可計數的千百億年來人類祖先經驗的沉積物，一種每一世紀僅增加極小極少變化和差異的史前社會生活經歷的回聲。

人類誕生以來，每天看著太陽東升西落，為大地提供熱量和光芒，為人們驅走黑暗與恐懼。這種深刻的印象，最後凝結在集體潛意識中成為太陽神的原型。

這就是所謂的太陽崇拜，在上古時代非常普遍而常見，它幾乎存在於古代各個民族的歷史中，中國、印度、埃及、古巴比倫、希臘和瑪雅文化中，均有詳細的對太陽崇拜的記載。

而對太陽的崇拜，也是所有神話的起源。

甚至到了近代，還有一些國家把太陽當作圖騰，比如日本。

還有，我們經常做一些夢，夢裡出現的東西，是我們從來都沒有見過，甚至沒有想像過的，那是因為我們的心中本來就存在著這些意象，夢境就是它們的呈現方式。

講到這裡，要特別提醒一下，儘管原型存在於我們的腦海中，但我們是意識不到的，只有在遇到了後天經驗的刺激才會表現出來。

提出原型理論之後，榮格如同發現了新大陸的哥倫布，把餘生有限的精力，投入到了無限的原型研究中去，提出了諸如上帝原型、魔鬼原型、太陽原型、英雄原型、死亡原型、重生原型、武器原型、動物原型等。

有讀者可能要罵我懶，用一個等就把大家打發了，應該全部列舉出來嘛。

你們的要求臣妾做不到，因為榮格說了：人生有多少典型的情境，就有多少原型，我們就拿一個普通人的一天來舉個例子吧：

你早上去上班之前，給老婆兒子一個愛的抱抱；在路上遇到了一條瘋狗，你立刻低下頭去撿石頭；捷運上遇到了一個漂亮長髮女孩，立刻春心蕩漾，上前求加個Line；到了辦公室，把下屬叫過來，嚴肅地開個晨會，然後滿臉笑容地敲開主管的門，去匯報工作；這些場景，在我們的腦海裡，都有相應的原型……

不光是上面那些情境，吃喝拉撒、喜怒哀樂、花鳥蟲魚、神仙佛祖、妖魔鬼怪都有原型，你來列舉一下試試看……還是放過在下吧！

但在諸多的原型中，有一些對人格的發展至關重要，可以講一講：人格面具、阿尼瑪、阿尼姆斯、陰影和自性。

人格面具

我有個朋友，本市交通網知名主播，經常在廣播中號召廣大車友要好好駕駛，不要逼車，斑馬線前禮讓行人。

這個是個很有修養的人——我一直這麼認為，直到我有一天坐上了他的車，聽到了那句顛覆我世界觀的話：他×的，開這麼慢，會不會開車！

所謂人格面具，就是人在公共場合表現出的人格，目的在於表現一種對自己有利的良好形象，以便得到社會的認可，所以人格面具，也叫作順從原型。

在心理學領域有一個詞語非常流行，社會化——一個自然人內化了社會規則後，逐漸轉化為社會人的過程，而人格面具形成的過程，就是社會化的過程。

人格面具有兩個作用：

首先，保證你和他人和睦相處，更好地達到自己的目的。

你在家裡可以吊兒郎當，可以撒嬌發嗲，可以頤指氣使。但到了公司，就要不苟言笑，就要踏踏實實，就要一本正經，否則有你受的。

前幾天，家中小屁孩參加小學入學面試。這小子是個崇尚自由的傢伙，我對他說：到了學校，要有禮貌，不准任性，不准發脾氣。結果臭小子不聽話，搞砸了。這大概應該算面具沒綁緊，掉了……

其次，換來物質的報酬。

我在工作中經常遇到一些人，喜歡講：這工作真沒意思，好想辭職啊！但是一般來說，後面還會加上一句：看在錢的分上，還是算了吧……

人格面具對我們來說至關重要，如果人格面具發展不健全，人就會因為適應不良而無法融入社會，從而導致心理異常。

但這玩意也不能太當回事，該戴的時候要戴，該摘的時候要摘——雙卡雙待，切換自如，才是最高境界。

這個表述好像也有點問題，因為人一般都會有不只一張人格面具——所謂見人說人話，見鬼說鬼話，雖然不大好聽，但事實確實如此：在公司上班的你，捷運上和女孩搭訕的你，週末和兄弟喝酒吹牛的你，戴的應該不是同一張面具。

所以還是修改一下吧：多卡多待，切換自如！

我在工作中經常接觸一種人——獵頭。在多年的從業經歷中，我發現一個非常有意思的現象，很多做獵頭的女孩子，都很難找到男朋友，很多非常優秀的妹子，老大不小了還是小姑獨處。

我一直不明白是為什麼，直到有一天我親自安排了一場相親。我的一個兄弟，大齡王老五，和一個獵頭妹子。

在我看來二人郎才女貌、門戶相當，天造一對、地設一雙。結果，我精心準備的相親，半個小時就 over 了，但我卻從朋友的嘴裡得到了我一直想要的答案：這哪裡是相親，簡直是面試嘛……

獵頭每天做的事情，就是到處去找一些優秀的候選人，面試之後拿去賣。所以在相親的時候，也不由自主地帶著面試的風格，而且由於優秀的候選人接觸得多，篩選標準太高，一般的男人也難入法眼。

後來這傢伙娶了一個小學老師，沒過多久，我又聽到了他的抱怨：我怎麼感覺像娶了個班導師回來，天天在家當學生。

在榮格的理論中，這個現象可以用一個詞來完美的形容：膨脹——被人格面具所支配，過分熱衷於自己所扮演的角色，而逐漸違背了自己的本性。

對人格面具過分關注，勢必會犧牲人格結構中的其他組成部分的發展。過分發達的人格面具，和不夠發達的其他人格部分之間必然會形成尖銳的對立和衝突，從而使得自己處於一種緊張狀態之中，導致心理問題的產生。

在日常生活中，有一種現象，叫退休症候群。

是指老年人由於退休後不能適應新的社會角色、生活環境和生活方式的變化而出現的焦慮、憂鬱、悲哀、恐懼等消極情緒，或因此產生偏離常態行為的一種適應性的心理障礙。

這種問題，很多人都會有，在老員工身上尤其明顯，甚至級別越高，病情越重……

因為當了那麼多年的經理，擺了那麼久的架子，人格面具和自我早已融為一體，一旦卸下面具，孱弱的自我立刻暴露無遺，經受不起哪怕一點點刺激。

很多人努力一生，功成名就，到頭來卻發現一生苦苦追求的東西，卻並非自己的本意所在，只不過是戴著面具演了一場戲罷了。

而自己真正需要的東西，卻全都錯過了，比如說親情，比如說友愛，比如說興趣……在這種情況下，就會感到極度的空虛和挫敗。

在這裡送各位十八字箴言：前半生，要學會戴面具；後半生，要學會做自己。

阿尼瑪和阿尼姆斯

有一個詞，叫一見鍾情，是說一個人見到一個異性的第一眼，就墜入愛河，堅信今生非此人不娶（嫁）。

比如說董永遇見七仙女，比如說榮格遇到小艾瑪。

但是你有沒有想過，茫茫人海中，有那麼多的人，為什麼一見鍾情的偏偏是她（他）。那是因為我們每個人的心中，都有一個異性的意象。你之所以愛上那個人，是因為那個人的形象早就在你的心裡。

榮格認為人類是天生的雙性，在每個人內心深處，都住著一個異性，這就是阿尼瑪和阿尼姆斯，這種意象是千百年來人們在和異性的不斷接觸中形成並保留下來的。

這個觀點在生物學中，可以得到強有力的支持——人類是同時分泌雄性和雌性激素的。阿尼瑪和阿尼姆斯的存在，一方面使人們具有一些異性的特徵（正面或負面）；另一方面，為人和異性的相處提供參照，當一個異性符合心中的阿尼瑪或阿尼姆斯形象的時候，就會讓人體驗到情慾的吸引，當不符合的時候，就會心生厭惡。

阿尼瑪是男性心靈中的女性成分或意象，其特徵為美麗矜持、多愁善感、愛慕虛榮和缺乏自信。

阿尼瑪作為一種原型，只有與女人交往的過程中，才能得以顯現和表達。對男人們來說，由於母親是自己接觸的第一個女性，所以母親往往是男人最初的阿尼瑪化身。這就是為什麼很多男孩子都會把母親當作擇偶的標準。

如果母親對孩子的影響是正面的，那麼其阿尼瑪就被內化為自己「夢中情人」的形象，並會使自己表現出心思縝密、溫和親切、做事有耐心等正面特質。

如果一個人的母親對他有負面的影響，他的阿尼瑪就經常表現出暴躁易怒的脾氣，憂鬱沮喪的情緒，優柔寡斷，擔驚受怕，神經過敏等負面成分。

榮格說：阿尼瑪有時候是一位優雅的女神，有時候是一位女妖，她變幻出各種形狀使人迷醉其間，她用各式各樣的詭計捉弄我們，喚起幸福和不幸的幻覺，喚起憂傷和愛的狂喜。

有一句話叫，不做作業的時候，母慈子孝；做作業的時候，雞飛狗跳。

媽媽的言行，對小屁孩心靈的健康成長有著至關重要的作用，在這裡我要送各位讀者一句話：當你對孩子發脾氣的時候，先問一下自己，你是真正為孩子好，還是在緩解自己的焦慮，如果是後者，請立刻閉上你的嘴巴。

阿尼姆斯則是女人心中的男性意象，其特徵為陽光健壯、勇敢果斷、足智多謀和才華橫溢。

和阿尼瑪一樣，女人只有在和男人的交往過程中，阿尼姆斯才會顯現，而女性最初的阿尼姆斯化身，是父親。

阿尼姆斯同樣具有正負兩面，正面的阿尼姆斯會以白馬王子的形象出現，並使女性帶有進取、勇氣、客觀等男性特質。

而負面的阿尼姆斯則會以強盜、兇手甚至死神的面目出現，並容易造就一種可怕的生物——潑婦。

所以各位爸爸讀者們，最好也小心一點……

榮格認為，阿尼瑪和阿尼姆斯，需要和人格面具和諧相處，並適度展現，這樣才能夠達到人格的平衡。

不顧人格面具的感受，任由阿尼瑪和阿尼姆斯膨脹，當然是不行的，那會使女人看起來男性化，而使男人看起來女性化。

但如果過於看重自己的人格面具，過度地打壓阿尼瑪或阿尼姆斯，那也是不可以的。

在意識層面得不到展示的它們，就會轉向到潛意識裡尋求補償，嚴重的情況下會引發一些詭異的心理障礙。

我們都有這樣的經驗，有一些女人，外表十分軟弱和柔順，但是內心卻相當堅硬。遇到事情會哭得梨花帶雨，但哭完之後咬緊牙關，什麼事都不耽誤。

反之，有一些男人，表現得很man，內心卻往往十分脆弱，在人前很堅強，但到了沒有人的地方卻哭得稀里嘩啦……

再舉個極端一點的例子，有一種詭異的心理異常，叫性別認同障礙。

性別認同障礙（GID）是指一個人在心理上無法認同自己與生俱來的性別，相信自己應該屬於另一種性別。這是一種精神醫學上的分類定義，通常是用來解釋與變性、跨性別或異性裝扮癖相關的情況。

關於GID的成因，有生理方面的，也有心理方面的，而且不同的心理學理論，也有不同的解釋。這不是本文的重點，不細講。

用榮格的理論解讀，有些GID的成因（請注意「有些」二字），大致是因為兩種極端做法。

一個極端是由於對阿尼瑪或阿尼姆斯的刻意縱容，而造成的膨脹，比如說一個男孩從小生活在女人堆裡，或者被奶奶當作女孩子養……

有時社會的審美標準，也會造成阿尼瑪和阿尼姆斯的膨脹，比如說當年某風靡大江南北的歌手選秀節目播出之後，大街上迅速出現了一大批中性化的假小子。

另一個是由於對阿尼瑪和阿尼姆斯的過度壓抑，而導致的報復——所謂哪裡有壓迫，哪裡就有反抗。

由於受到文化傳統的影響，我們從小都被要求表現出符合自己性別特徵的形象，而去壓抑那些不相符的。每一個男孩子害羞、膽小、猶豫的時候，都會被大人罵上這麼一句：怎麼跟個女人似的。

適度的壓抑可以幫助我們形成符合社會要求的人格面具，但是如果過度了，後果有可能很嚴重。

所謂孤陰不生，孤陽不長，陰陽交融，相輔相成。榮格的這個理論，很是符合中國道家思想中的陰陽協調理論。

陰影

陰影是人的心靈中遺傳下來最黑暗、最深層的邪惡傾向，是人格的原始動物部分，包括一切動情的、不道德的、令人厭惡的慾望和行為。

讀到這定義的時候，你一定會有種相當熟悉的感覺，因為這就是佛洛伊德所說的本我。

在幻覺或夢境中，陰影會以各種危險可怕的形象出現：怪獸、惡鬼、危險而神祕的黑衣人等。

提到陰影，你肯定不會想到什麼好東西，但事實卻並非如此。陰影確實是所有原型中最危險的一個，是不馴服的、危險的、不受一般道德束縛的；但同時它又具有極強大的力量、激情和創造力。

用一句話來總結，陰影是人身上一切最好的和最壞的東西發源地。

人在接受他的陰影時，會感到充滿靈感、激情與力量，而當人壓抑陰影時，他就會變得缺少活力。

看球的人都知道，這個星球上有兩個地方的人足球踢得比較厲害，一個是歐洲，另一個是南美。

但由於兩個大洲文化的不同，他們的風格又是如此迥異。

歐洲球員，自律性比較強，個性大多中規中矩（當然壞小子也是有的），個人能力雖然不是特別突出，但紀律性和戰術執行能力強，在球場上往往能靠嚴明的戰術紀律和有效的戰術組織，戰勝個人能力遠勝自己的對手。

南美球員大多個性張揚、行為怪誕，組織性紀律性差，私生活混亂。但場上的他們才華橫溢，星光四射，一旦踏上球場，便是絕對的主宰，往往能以一己之力擊潰對手。

但才華橫溢的南美球員往往會因為生活上的不自律而較早地結束職業生涯，而歐洲球員因為較高的自律性，職業生涯一般都比較長。

這大概算是陰影的兩面性在綠茵場上的表現吧。

壓制陰影的後果不僅僅是削弱自己的活力和創造性，過度的壓抑還會導致陰影的反噬，因為陰影中邪惡的成分並不會被消滅，而是被壓抑——暫時後退到潛意識中，一旦時機合適，就會猛烈的反撲。

就好像一個酗酒的人，經過努力擺脫了酒癮，當他在生活中受到挫折、情緒低落的時候，酒癮很有可能復發，而且會喝得比之前更兇。

在一定的外界條件下，這種反撲會以破壞性的形式出現，而且變得凶狠殘暴，這就是為什麼，一個在現實生活中溫文爾雅的人，一旦上了戰場，很快就會變成冷血的殺人機器。如果整個社會都是這種情況，並缺乏宣洩途徑的話，那就會導致極端的情況——戰爭。

我們身處的這個年代，戰爭已經離我們很遠，但有一種運動，被稱為和平年代的戰爭——足球。我認為足球運動的存在，是很有必要的，不光可以作為國人的痰盂，而且可以宣洩國民心中多餘的攻擊性衝動。從這個角度來看，中國男足實屬功德無量。

每個人都是天使和魔鬼的集合體，我們不光要珍惜心中的天使，更要善待心中的魔鬼！

自性（Self）

前一篇中講過，人格是一個整體，而不是各個組成部分的拼盤，更不是雜燴。把人格的各個組成部分組織在一起的，就是自性——最重要的原型，所有原型的核心。

就像太陽把九大行星吸引在自己的周圍，並使其按照各自的軌道有序運行一樣，自性會把所有的原型，以及原型的外在表現吸引到自己的周圍，使他們處於一種整合、統一的狀態，而使人感覺到一種和諧的狀態。

前面講過，榮格在心情不好的時候，就會拿著筆在本子上畫圈圈，畫著畫著，心情就好了，後來榮格畫出了門道，從中悟出了人生的真諦——自性化。

所謂的自性化，是一個人最終成為他自己，發展出一種整合的、不可分割的，但又不同於他們的人格的過程，而這個過程，就是以自性為人格核心的整合過程。

就像唐卡中的曼陀羅把各種互相矛盾、互相對立的因素（陰影、人格面具、阿尼瑪、阿尼姆斯等）有機地整合起來，而達到一種圓融的狀態。

這種狀態，榮格稱之為自性的實現，是人性所要達到的最高目標，是絕大多數人終其一生也達不到的境界。

古往今來，也只有少數的高人達到了這個境界，比如耶穌、釋迦牟尼、李耳、穆罕默德、摩西……

自性的實現在大多數時候需要依靠自我，透過自我，盡量使人格的各個組成部分到達自覺意識，使那些無意識的東西成為意識到的東西，使人格獲得充分的個性化。

榮格認為透過某種宗教修練，比如說佛教的坐禪，能夠較好地理解和把握自性。

古往今來，那麼多的修士放棄人間的繁華，放棄兒女親情，遠遁深山寺廟，所追求的，大致就是這個吧。

人格動力理論

講了這麼久的心理學，我們來換換口味，講點自然科學。

我大學本科的專業是化學，就是整天穿著白袍，拿著一堆堆奇形怪狀的器皿，倒出各種不同顏色物體的學科。

在化學專業的課程安排中，有一門課叫物理化學，江湖人稱物化，這門課還有一個更形象的名字——反應動力學。

物理化學是一門從物理學角度分析化學行為的原理、規律和方法的學科，可謂近代化學的原理根基，其主要研究對象，是化學反應中的能量變化。

以下是物理化學中的幾個重要原理：

平衡原理：在一個可逆反應中，當正反應和逆反應的速率相等，該反應即進入平衡狀態。但是當反應條件發生變化時，平衡即被打破，直至建立新的平衡。

熱力學第一定律：在一個孤立系統中，總能量保持不變——能量既不會憑空產生，也不會憑空消失，它只會從一種形式轉化為另一種形式，或者從一個物體轉移到其他物體，而能量的總量保持不變。所以熱力學第一定律又有個名字，叫能量守恆定律。

熱力學第二定律：在一個封閉系統中，能量總是從高的物體流向低的物體，不可能把熱從低溫物體傳到高溫物體而不產生其他影響。

在心理學研究中，有一個問題是每一位心理學家都迴避不了的——心理活動的動力來自什麼？對於這個問題，不同的心理學家有著不同的解釋。

佛洛伊德認為是性本能，阿德勒（下一篇的主人公）認為是自卑感，而榮格認為，心理的動力是力必多。這裡請注意，榮格所說的力必多是指一種普遍的生命力，而不是佛洛伊德所定義的那種。

榮格認為人格和精神是一個相對獨立、封閉且不斷變化的能量系統，其根本動力來自於心理能量（力必多），而心理能量在整個系統中的分配是遵循著一定的規律的。

相對獨立和封閉的系統

我們所生活的地球就是一個相對封閉的能量系統（請注意「相對」兩個字）。在地球上時時刻刻發生著能量的變化與轉換：河流從高山向大海不斷的奔流——這是勢能向動能的轉化；溫度不均形成大氣環流，進而形成風雲雨雪——這是熱能和動能之間的轉化；人類利用水力發電——這是勢能向電能的轉化；燃燒各種石化燃料獲取能量——這是化學能向熱能／動能的轉化……

但這些能量，除了地熱、核能等地球本身就具有的能量外，大多數的來源都是太陽，即使是煤炭，也是億萬年前被綠色植物固化來自太陽的能量。

太陽的能量透過輻射的形式到達地球，為地球提供光能和熱能。光能被綠色植物吸收，生成了人類呼吸必需的氧氣，並把能量以化學能的形式儲存下來；熱能則通過大氣環流，形成風雲雨雪，把水從低處搬到高處，形成河水的流動……

人格系統和地球一樣，也是一個相對獨立和封閉的系統。在地球上，能量遵循著一定的規律進行轉換和流動，並在一定的程度上達到自給自足，在人格系統中亦是如此。

地球上的活動，包括最重要的生命孕育與繁衍，其能量來自於地球以外的天體——太陽。而推動人格發展的能量，主要也來自於外界——生活經驗，人們透過所見所聞、所觸所感的心理刺激，轉化成心理能量，不斷推動人格系統的運行和發展。

平衡與干擾

下面我們請出本篇文章的第一號嘉賓，平衡理論。

一個化學反應，進行到一定的程度，就會達到一種平衡狀態。這個時候，如果沒有外來的物質或能量進入，這種狀態將一直維持。但如果因為外界因素的變化（新的反應物，溫度、壓力、催化活性變化等），原有的平衡就會被打破，直至新的平衡建立。

人的心理也是一樣，當我們的內心處於平衡狀態的時候，總會有一些外界的刺激來打破這種平衡。如果一個人的人格系統的穩定性較差，有可能一個小小的刺激，就會對其心理造成極大的擾動——失衡。

比如說一個小孩子，忐忑不安地偷拿了父母皮夾裡的錢，經過好長時間，才把心情調整到平靜。突然父母小聲地嘀咕了一句：錢怎麼少了……

儘管不一定是在懷疑他，但這一句話會為他的心靈帶來極大的擾動——因為心裡有鬼。在日常生活中，這種現象也不少見，所謂言者無心，聽者有意。

雖然說心理刺激會造成平衡的打破，對我們的心理產生困擾，但是人格正是在一次次地打破平衡、建立新平衡的循環往復中得到發展。

所謂經歷過風雨，才會成長！

人格系統如果沒有了外界的刺激，或者接受不了外界的刺激，那也就變成了死水一潭。就像地球如果得不到來自太陽的能量就會逐漸變成一顆沒有生命、死氣沉沉的行星一樣。

曾經有過這樣的案例：一個母親，把幾個孩子鎖在閣樓上很多年，不准他們和外界接觸，等人們發現把孩子解救出來的時候，他們已經成了弱智，再也無法融入社會。

說到這裡，就不得不講一種兒童心理疾病——自閉症。

自閉症的發病原因目前暫不清楚，諸如遺傳、生產過程創傷、免疫系統缺陷、神經內分泌系統失常等都可能與之有關。

按照榮格的心理能量理論，因為患兒的精神系統十分脆弱，無法接受外界能量對心理的刺激和擾動，所以主動關閉了和外界的心理能量交換通道，所以在精神方面一直得不到發展，而產生明顯的精神發育遲緩。

由於沒有外來心理能量的干擾，患兒自身的心理能量往往能比較集中地投注於某些方面，這就造成了一個現象——自閉症患者，往往在某些方面，擁有遠遠強於普通人的天分，而這種天分，往往是驚人的。

有一個自閉症患者，史蒂芬·威爾夏，搭乘直升機遊覽了紐約市二十分鐘，在接下來的三天裡，他完全憑藉著記憶畫出了紐約市全貌，諸如帝國大廈、克萊斯勒大廈等地標建築，細節絲毫不差。

很多人都喜歡出門旅遊，你有沒有想過，人為什麼喜歡旅遊，如果你去問榮格，大致會得到兩個答案：

原因一：工作或生活中煩心事太多，想換個環境，調整一下心情。

原因二：厭倦了所處的環境和一成不變的生活，想體驗一下新的地方，尋求一點新鮮的刺激。

原因一是為了暫時躲避當前環境中的心理刺激，恢復心理的平衡；原因二是需要新鮮的心理刺激，來喚醒沉悶的精神狀態。

心理能

榮格認為，人體的能量包括身體能量和心理能量，身體能量存在於肉體之中，而心理能量（力必多），則蘊含於人格（精神）系統內，二者相互依存，並可以相互轉化。人所有的心理活動，都由心理能量推動。

心理能量的來源，是人們的生活經驗，如同消化系統消化食物獲取身體能量一樣，人格系統藉著消化生活經驗，獲取心理活動必需的能量。

身體能量和心理能量之間的相互轉化，也是如此。

當我們心情低落的時候，身體也會變得慵懶；而當心情高漲的時候，便會覺得神清氣爽、身輕如燕。

在很多心理異常的診斷標準中，都包含轉化。

以憂鬱症的診斷為例，其中一項就是轉化症狀：睡眠障礙、乏力、食慾減退、體重下降、便祕、身體任何部位的疼痛、性慾減退、陽痿、閉經等。

可見心理能量會對身體產生不小的影響，反過來，身體能量的改變也會導致心理變化。

比如，憂鬱症病人被精神科醫生確診之後，一般都會開一種藥——百憂解。

此藥學名氟西汀，透過抑制中樞神經對5-羥色胺的再吸收來緩解憂鬱以及焦慮情緒。在臨床上用於成人憂鬱症、強迫症、驚恐障礙和神經性貪食症等心理異常的治療。

這種藥據說對症狀的緩解效果比較好，一粒藥下去，憂鬱和焦慮立刻緩解（副作用也是不小的，切忌亂吃）。

其實早在幾千年前，我們的老祖宗就注意到了這個現象，並提出了專門的名稱——天人感應、身心合一！

心理值

心理值，顧名思義，是心理能量的數值，是榮格人格動力理論的重要概念。

所謂心理值，是用來衡量分配給某一心理要素能量多少的尺度，當心理能被較多地投入到某一心理要素，這個人的行為就會表現出相應的側重。

以目前的科學發展水平，心理值不可能像物理或化學指標那樣進行精確測定，只能進行定性研究——透過觀察來進行比較：

一個人如果在某件事情上投入較多的時間和精力，那麼他在這件事情上的心理值，肯定高於投入時間和精力比較少的；或者遇到了障礙能夠堅持不懈地克服，那他投注的能量肯定要高於輕易放棄的。

另外，一個人的夢境，往往也能反映其心理能量投注的方向，經常夢見當官發財的人，大多都是投注了較多心理能量在權利和財富上面，具有較高心理值。

你經常夢見什麼呢？

能量守恆原則

和物理能量一樣，心理能量也遵循著守恆的原則：如果某一要素的心理能量減少或消失，那麼肯定會在另外一種或幾種心理要素中出現。比如說小屁孩小的時候，對玩具和漫畫感興趣，隨著年齡長大，他們對這些東西的興趣會逐漸淡去，新的興趣會逐漸建立——電腦遊戲和同學……

有的時候，一種心理能會消失得無影無踪，但我們並沒有感覺到它們出現在其他地方，那是因為它們跑到潛意識裡去了。

當大量的心理能量轉移到潛意識之中，儘管我們意識不到，但它們卻在隨時隨地發生著作用，在嚴重的情況下，會導致恐懼症、強迫症甚至精神分裂等心理疾病。

有的人會突然性情大變，往往就屬於這種情況。

榮格還認為當心理能從一種心理要素，轉移到另一種心理要素時，原本的心理要素的特徵，也會隨之一起轉移。

當一個熱衷於權力和支配欲的人，突然開始對女人感興趣，那他對女人的態度，肯定也是充滿著支配和控制的。

能量均衡原則

在一個封閉系統中，能量總是從高的物體流向低的物體——熱力學第二定律。

榮格在人格動力理論中，也運用了這個原理，榮格認為：在人格結構中，心理能量傾向於從心理值高的心理活動，轉移至心理值較低的部分，直至雙方達到平衡。

就像把燒紅的鐵塊扔進冷水，鐵塊的溫度會下降，水的溫度會升高，最終達到同一溫度。

這個原則制約著人格系統中的能量交換，其最終目的，是實現一種絕對的平衡。但是這種平衡是不可能實現的，因為人格系統並不是一個孤立的封閉系統。

來自外部世界的能量，源源不斷地進入人格系統之中，不斷地打破原有的平衡，當平衡被打破，我們就會感到緊張、衝突、壓抑、焦慮，然後經過心理能量調整，會建立新的平衡，然後再打破，然後再建立——人格就是在這種循環往復之中得到成長。

榮格認為，這種能量傳輸的過程，會使不同的人格要素之間形成錯綜複雜且長期持久的結合，形成五花八門的人格特徵。

這個過程講起來非常深奧難懂，我實在是不知道怎麼表述。還是講講《笑傲江湖》吧，這回我們講一下岳不群掌門。

在岳掌門的人格系統中，陰影是異常強大的，而阿尼瑪則比較弱小，在其自宮練劍之後，阿尼瑪覺醒，遵循著能量平衡原則，開始向強大的陰影汲取能量，二者之間建立能量傳輸通道。

如果沒有外界能量的介入，那麼二者最終會達到平衡狀態，但是由於外界的能量源源不斷地輸入，這個平衡狀態永遠不可能達到，陰影和阿尼瑪就牢牢地結合在了一起。於是，岳掌門就越發陰險和腹黑了。

人格類型理論

有的人沉默內向，和周圍的人格格不入，有的人則生性活潑，跟什麼人都聊得來。有的人神祕古怪，熱衷胡思亂想，有的人則認真嚴謹，腳踏實地做事。有的人相信科學與實證，有的人則熱衷於玄學與直覺。

這就是本篇的主題——人格的類型。

開山祖師

榮格早年在情結研究中發現，不同性格的病人，其情結的表現也是有所差異的。

在精神治療實踐中，榮格也非常認同前輩克拉夫特．艾賓的觀點：精神治療必須考慮每個人的特殊性——人格上的不同，而不是以一成不變的方法來應付五花八門的病人。

儘管他在伯格爾茨利的大多數同事都是這麼處理的！

經過長期的臨床與社會實踐，榮格在一九一三年召開的慕尼黑國際精神分析會議上提出了「內向－外向」的概念，正式拉開了現代人格類型研究的序幕。

順便提一下，在這次會議上，佛洛伊德第二次暈倒，不久後榮佛二人正式分道揚鑣。和佛洛伊德分手後，榮格詳細分析了自己和佛洛伊德，以及阿德勒之間的人格差異，認為他們的分裂，看起來是由於學術觀點的不同，但是深層次的原因，是人格類型的差異。

經過漫長的自我分析和思考，榮格於一九二一年，發表了人格類型研究的開山巨著——《心理的類型》。

因為我需要界定我自己的觀點不同於佛洛伊德和阿德勒各方面的觀點。在試圖解決這個問題時，我便碰到了類型這個問題：這種心理類型是個人所獨有的，它決定並限制了一個人進行判斷的方式。

在此書中，榮格首次提出了人格類型劃分的概念和方法，系統地闡述了內向和外向這兩種態度，並提出了實感、情感、思考、直覺這四大機能，進而劃分出了八種人格類型。

兩種態度

榮格認為，根據心理能量（力必多）的流向，可以把人劃分為內向型和外向型。內向型的人，心理能量較多地流向自己的內心，喜歡安靜，富於幻想，缺乏自信，孤僻害羞，不善於結交朋友，環境適應能力較差。

而外向型的人，心理能量更多地流向外部世界，好社交，為人活潑、開朗，熱衷於外部的世界。

但是，榮格認為每個人都不是絕對內向型或外向型，大多數人都是介於兩者之間，或某種類型相對占多些優勢。

另外，榮格還認為，人們外在的人格類型和潛意識往往是截然相反的。

有些人非常外向，和什麼人都能聊得火熱，但是他們的內心深處，往往極度內向，即使是最親近的人，也難以走進他們的內心世界。

有些人非常內向，不愛說話，遠離人群，但是他們往往會有幾個親密的朋友，很容易向朋友敞開自己的心扉。

這種現象，叫作心理補償。

四種機能

除了兩種傾向，榮格還提出四種機能：思考、情感、實感、直覺。

用一句話概括：實感告訴你存在某種東西，思考告訴你它是什麼，情感告訴你它是否可以接受，直覺告訴你它從何而來，去往何處。

四個背包客，一起出去旅行，有一天他們來到了一座大山腳下。

甲：見到大山的第一眼，就覺得這座山和其他的山不一樣，堅定地認為山中必定隱藏著某種奧祕——這是直覺型的人。

乙：經過仔細地觀察，成功發現了隱藏在岩石縫中的海洋生物的化石，然後就開心地露營去了——這是實感型的人。

丙：觀察了整座山峰的形狀，結合此山所處的地理位置等訊息，以及乙的發現，成功推導出了這座山的形成過程——在十幾億年前，大概是奧陶紀和震旦紀，由於地球板塊擠壓，從海底升高成為山峰——這是思考型的人。

丁：感慨造物主的偉大，激動得淚流滿面，並當場吟詩一首——這，是情感型的人。

思考：人們對事物加以理解和判斷的功能——以冷靜、客觀、合理的態度來解決問題或者尋找問題的答案。

情感：心靈的價值評判者，強調個人的主觀體驗。

思考和情感，是一對冤家，相互排斥、水火不容。

實感：顧名思義，使用感覺器官去體驗外部的世界，重視事實，但缺乏理性，是一種非理性的心理功能。

用榮格自己的話來說：「實感僅告訴我們某種東西的存在，而不告訴我們是什麼，他們和什麼有關。」所以乙同學能發現化石，而對這些化石是從哪來的不感興趣。

直覺：是人們在沒有依據，對事情缺乏理性判斷的時候，憑藉個人下意識的經驗來決定自己的行動。

大人：元芳，此事你怎麼看？

元芳：大人，我覺得此事背後，必定有一個天大的陰謀。

大人：那是什麼樣的陰謀？

元芳：……

實感和直覺也是一對死對頭，當感覺主導意識的時候，注意力往往集中於局部，而忽略整體；當直覺處於主導地位時，則很難注意到細節。

八種人格類型

榮格把意識的兩種態度與四種功能結合起來，劃分出八種不同的人格類型（見下表）。

表1 八種人格類型

	思考	情感	實感	直覺
內向	內向思考型	內向情感型	內向實感型	內向直覺型
外向	外向思考型	外向情感型	外向實感型	外向直覺型

◆外向思考型

代表人物：愛因斯坦、霍金

喜歡對外部世界進行有條不紊的分析，客觀冷靜，善於思考但固執己見。情感壓抑，缺乏個性，有時冷漠無情。在極端的情況下會變得專制、自負、迷信，難以接受批評。

傳說中的科研狂人，大多是這個類型，以男性居多。

我當年在化學系的老師們，很多都是這個類型。

◆內向思考型

代表人物：柏拉圖、莊子

離群索居，社交能力差，極端聰明卻又不切實際，常以主觀因素為依據分析事物，待人冷漠、倔強偏執、情感壓抑。

如果走向極端就會頑固執拗，剛愎自用，驕傲自大，不體諒別人，容易拒人於千里之外。

大多數哲學家都屬於這個類型，因為他們的工作，就是沉浸在自己的世界裡，思考人生的意義。

而莊周夢蝶這種事情，似乎也只有這種類型的人幹得出來……

◆外向情感型

代表人物：希拉蕊

這種類型的女性居多，情商較高，但思維常常被情感壓制，容易感情用事。注重與社會和環境和睦相處，善於和他人建立和睦的關係和穩定的感情。

希拉蕊在柯林頓的偷情事件曝光後，能妥善處理好和老柯的關係，並且能重塑個人形象，一步一步成為總統候選人，而且頗受民眾支持。雖說惜敗給不按常理出牌的川普，但足見其情商之高。

但缺點是容易多愁善感，浮誇賣弄，過分殷勤，並強烈地依戀他人。

♦內向情感型

代表人物：小龍女

文靜多思，敏感憂鬱，沉默寡言，難以捉摸，然而有時又表現得恬淡寧靜、怡然自得，給人以莫測高深之感。

這個類型的代表人物有很多，林黛玉、舒婷、三毛都入圍過候選名單，但最具代表性的是小龍女。

她是和這個定義最相符的人：清冷沉靜，淳厚質樸，天真單純，不諳世事，心如水晶，澄清空明，不染片塵，對楊過溫柔多情，對世事漠不關心。

♦外向實感型

代表人物：麥可・傑克森

追求享樂、善於社交、不斷尋求新的刺激，頭腦清醒，但對事物淺嚐即止，情感淺薄，容易沉溺於各種嗜好，容易出現變態和強迫行為。

♦內向實感型

代表人物：某張姓導演

安靜而沉穩，自制力強。對客觀事物有深刻的感覺，一草一木、一花一石都有可能引起他們的情緒波動，通俗點說，有點敏感外加神經質。

喜歡以藝術形象表現自我。

♦外向直覺型

代表人物：某王姓富二代

喜歡追求新鮮感，易變而富有創造性，有多種嗜好，但都難以堅持到底，做事常憑主觀預感。由於情感轉移快，難得知己。

◆內向直覺型

代表人物：達文西、梵谷

富於幻想，性情古怪。思想往往脫離現實，不易被人理解。常產生各種離奇的幻想和想像，體驗怪異。

榮格認為，這八種類型只代表極端的情況，現實中每個人都會表現出某種占優勢的性格類型，在他們身上還有不占優勢的第二種或第三種性格類型。其中有意識的因素，也有潛意識的成分，兩者的相互作用構成了千變萬化的人格類型。

榮格對心理類型的研究是分析心理學的最重大發現之一，也使他成為人格類型研究的重要開拓者。儘管後人對他的觀點進行了很多補充和修正，發展出了很多更成熟的人格類型理論，但榮格開拓者的地位，是不容抹殺的。

MBTI的前生今世

講到這裡，我們要特別提一下MBTI，這稱法很多讀者或許看起來很陌生，但卻極有可能在某些場合接觸過，因為全名叫MBTI職業性格測驗。

MBTI是Myers-Briggs Type Indicator的縮寫，是世界上應用最廣泛的性格測試工具（之一），是二十世紀四〇年代，由美國非心理學專業人士（請注意「非」字）伊莎貝爾・邁爾斯和母親凱薩琳・布里格斯在榮格的人格理論基礎之上提出。

當時正值第二次世界大戰，男人們都上戰場了，女人們只能去工廠工作。

邁爾斯母女作為榮格的迷妹，希望透過榮格的理論來幫這幫職場菜鳥找到適合的工作。她們在榮格的兩種態度和四種功能的基礎上，增加了判斷和感知兩種類型，從而構成了十六種個性類型。經過二十多年的潛心研究，他們編制出MBTI量表，從而把榮格的類型理論學說付諸實踐。

隨後邁爾斯母女又在榮格的優勢功能和劣勢功能、主導功能和從屬功能等概念的基礎上，進一步提出功能等級等概念，並有效地為每一種類型確定了功能等級的次序，提出了類型的終生發展理論，讓心理類型理論有了新的發展。

MBTI可以用來衡量和描述人們在獲取訊息、做出決策、對待生活等方面的心理活動規律，其測試結果可以解釋為什麼不同的人對不同的事物感興趣、擅長不同的工作，並且有時不能互相理解，其應用範圍大致有：促進夫妻相互了解，增進家庭關係和諧；幫助老師了解學生性格，以實施因材施教教育；幫助企業進行人員選拔，人際溝通、組織培養與團隊訓練；確定職業性格類型，選擇適合自己的工作（最主要的應用領域）……

因為非專業人士的身分，邁爾斯母女曾遭遇了很多的困難、嘲諷和非議，但她們堅持了下來，這一堅持就是二十多年。

現在MBTI已經風靡全世界，被翻譯為幾十個語言版本，每年有幾百萬人接受測試。在世界五百強企業中，絕大多數都使用過MBTI進行人員選拔和團隊激勵。

時間終究證明了她們的偉大，也證明了榮格的偉大！

人格發展理論——終極的幸福

幸福是每個人都追求的東西，不論男女老幼，貧富貴賤。

那麼，幸福是什麼？這個問題，每個人的答案應該都不一樣。

有人說，幸福是知足常樂；

有人說，幸福是相依相隨；

有人說，幸福是萬人景仰；

有人說，幸福是家財萬貫。

當然，還有一個更有名的解釋：睡得腰生疼，吃得直反胃，腦袋直迷糊，瞧什麼什麼不對，追求了一輩子的幸福，最終明白了幸福是什麼——幸福就是遭罪。

我覺得最明白的，就是本山大叔，他老人家的話蘊含了一個非常深刻的道理——物質不是幸福的絕對條件。

有多少人，坐擁家財萬貫，卻每天身心俱疲；

有多少人，瘋狂斂財，手段用盡，卻整日戰戰兢兢；

有多少人，身居高位，人人敬仰，一旦卸任，立刻陷入失落與迷茫；

有多少人，為事業日夜打拚，到頭來卻發現所追求的東西對自己毫無意義。

反觀另一些人，日子過得平淡清苦，卻樂在其中，最傑出的代表就是孔聖人的得意門生顏回同學。

此君日子過得堪比敘利亞難民，幸福指數卻直逼北歐！

子曰：賢哉回也！一簞食，一瓢飲，在陋巷，人不堪其憂，回也不改其樂。

這充分說明，幸福是一種主觀體驗，而不是客觀的事物。

如果內心充滿衝突，即使富可敵國，也不會感到幸福；如果內心和諧，即使一貧如洗，也會怡然自樂。

一個地位尊貴，卻整日四處提防，擔驚受怕的皇子。

一個身分卑微，卻與父母同甘共苦，和兄弟同舟共濟的平民。

哪一個更幸福，不同的人會有不同的答案。

有的人要自行車，有的人要BMW，大家追求的東西不一樣，所以答案也不一樣……

但我要告訴你，古往今來，有無數的皇子在鬱鬱而終或慘遭屠戮之前都說過一句話：悔不該生在帝王家！

榮格認為，大多數人所認為的成功，只不過是社會角色的成功。金錢、地位、榮譽，只是滿足了人格面具的需求，而人格的其他組成部分，卻被忽略了。

所以發展不平衡，所以存在衝突，所以感覺不到幸福。

真正的幸福，是人格的完善：

是身處陋室，怡然自樂；

是縱化大浪，不悲不喜；

是經歷世間滄桑，笑看雲起雲落。

兩千五百多年前，有一個人叫喬達摩．悉達多，後來，他還有個更偉大的名字。

此人是古印度迦毘羅衛國的王子，相貌奇偉，天資聰慧，博學多才，能文善武，宅心仁厚，關心世間疾苦。

身為王子坐享富貴榮華、高樓華殿、錦衣玉食、萬千美女，但他卻體會不到任何快樂，因為在他看來，人生的真諦並非如此。

他認為人世間有數不盡的苦痛和憂慮，一味追求享樂如何能求得解脫。

二十九歲那年，他放棄王子身分，離開初生的兒子，出家修行。

多年苦修之後，他來到那棵菩提樹下，盤腿靜坐，發下誓言：若不能證得無上大覺，寧讓此身粉碎，終不起此座。

禪定中，魔王派來魔女誘惑於他，他不為所動，魔王又派來萬千羅剎，投擲利刃兵器，但萬般兵器未接近座前便一一散落。

最終參透生死輪迴，斬卻煩惱執著，頓悟成佛。

看到這裡，你們應該猜到了他的另一個名字——釋迦牟尼，在中國我們一般叫他佛祖。

釋迦牟尼頓悟的過程，在榮格看來，就是追求人格終極完善的過程。從古至今，也就只有那麼幾位大佬無限接近了這個境界，他們的名字分別叫李耳、耶穌、穆罕穆德……

榮格認為，人格的發展，是透過自性化，讓人格系統的各個組成部分得到充分的發展，並使互相對立的因素得到調和，最終融合統一，而使人達到一種和諧、圓滿的狀態。

就像釋迦牟尼一樣：

坐擁富貴榮華，知曉世間百態。

閱遍世間疾苦，通明人生冷暖。

樹下靜坐苦修，一朝頓悟成佛。

可能有些同學看到這裡有些暈，沒關係，請繼續看下去。

充分分化

人剛出生的時候，人格（精神）也像受精卵一樣，尚未分化，混沌一團。

隨著自性化的開始，人格如盤古開天闢地一般，逐漸分化出各個組成部分（自我、人格面具、陰影、阿尼瑪等）。

隨著自性化的進程，各組成部分逐漸分化和成長。自我——人格最為重要的組成部分，正是在這一過程中形成，並不斷發展的。

從只知道吃奶和啼哭，逐漸認識父母和身邊的人、認識世間萬事萬物，領悟事物的連結和規律，並逐漸形成自己的特點，表現出和他人的不同。

除了自我，那些潛意識的部分也會逐漸分化和成長。比如說阿尼瑪，其發展會經歷以下四個階段：

肉體的阿尼瑪：追求肉體慾望的滿足。

浪漫的阿尼瑪：追求精神的愉悅。

精神的阿尼瑪：追求美德和神性精神。

智慧的阿尼瑪：男人創造力的泉源。

阿尼瑪四階段的代表人物：夏娃、海倫凱勒、聖母瑪利亞和蘇菲亞。

阿尼瑪是在不斷地和女性接觸的過程中獲得成長的，很多人的阿尼瑪，會因為缺少和女性接觸的經驗而無法獲得充分的分化和發展。

一個人成年後熱衷情愛，頻頻更換伴侶，而沒有穩定的情感關係，一般都是阿尼瑪沒有得到充分的分化與發展而停滯於肉體階段，所以不斷追求肉體的慾望獲得滿足。

但在喬達摩・悉達多這裡，這個問題就不存在了，身為王子，身邊美女如雲，阿尼瑪自然比其他人更容易成長。

喬達摩・悉達多之所以能成佛，很大一部分原因就是王子身分使他享盡榮華，通曉了人間百態；而關心世間疾苦，又讓他知道了人性冷暖，所以人格的各個組成部分得到了充分的分化和發展。

這就是為什麼古往今來，那麼多的小和尚自幼就在深山禪寺苦修，終其一生也未能成佛的原因吧。

處於潛意識中的人格組成部分，必須透過自覺的意識，才能得到分化和成長。如果一直把它們壓抑在潛意識之中，那他們就會一直保持原始的狀態，這非常不利於人格的發展。

好難懂，還是舉個例子吧！

當一個孩子的陰影原型表現出來，就會有不聽話、懶散邋遢、行為怪異，富有攻擊性等表現，而這些表現是和大多數父母的期望不一致的——每一個父母都希望自己的孩子聽話，懂禮貌，有好的習慣。

在這種情況下，大多數父母所採取的措施會比較一致——壓制，至於壓制的工具是嘴皮子還是巴掌，是鞋底皮鞭還是十大酷刑，就要看孩子的造化了。

一番壓制過後，孩子學乖了，父母滿意了，炸彈埋下了。

陰影被壓抑在潛意識中，無法在自覺意識中呈現，失去了分化、成長的機會，於是一直保持著幼稚、原始、蠻荒的狀態。

一旦心理出現失衡，不成熟的陰影就會伺機以野蠻、病態的方式反撲——熱衷打架鬥毆的、吸毒酗酒的、沉溺色情的，基本上都屬於此類。

最極端的狀況，就是野蠻的殺戮，而戰爭，就是全人類不成熟的陰影集體爆發所導致的結果。

正確的做法是透過教育，讓孩子充分意識到自己身上存在的問題，知道這些問題是不好的，並誘導他們用合適的方式來處理陰影的表現欲——透過競技、競爭、創意活動等方式。

這樣孩子的陰影就會充分分化、成長，從而變得更為成熟，逐漸改變原始野蠻的滿足方式，從而降低和自我以及人格面具的對立衝突。

民主型家庭的孩子，人格要比專制型家庭的完善得多，就是這個道理！

我的一個玩伴，從小好勇鬥狠，被班導「分發」到校足球隊。在教練的調教下，成功轉型為一名球風硬朗的防守型中場，而在生活中，也變得溫柔了不少……

前文還講過，過度壓抑孩子的陰影，還會帶來另外一個副作用：抑制了孩子的激情和創造力——過於嚴格的教養方式，會使孩子變得缺少靈氣。

所謂循循善誘，所謂因勢利導，而不是野蠻粗暴，一竿子打翻！

充分整合

講完了分化，我們來講講整合。

在人類胚胎的發育過程中，由於基因的作用，各個組織、器官有機地整合在一起，並各司其職，構成完整、健康的人類身體。

在自性化的過程中，也存在著類似的功能：超越功能——統一、協調所有對立傾向，促使人格趨向整體化的能力。

人格的各組成部分之間，往往是互相衝突和矛盾的，比如人格面具和自我的衝突，人格面具和阿尼瑪的衝突，阿尼瑪和陰影的衝突。

超越功能就像一個優秀的組織委員，具有超強的組織協調能力，可以化解各組成部分之間的衝突與矛盾，並把它們整合在一起，從而使心靈成為一個統一的整體。

喬達摩．悉達多在菩提樹下禪定之時，魔王派出魔女和羅剎，卻被其一一降服，按照榮格的理念，這就是整合阿尼瑪和陰影的過程。

我猜很多同學讀到這裡，又要暈了，我們拿一對冤家出來說說吧：人格面具和阿尼瑪。人出生的時候，人格混沌一團，沒有人格面具也沒有阿尼瑪。隨著自性化的過程，這二位逐漸分化出來，卻都需要進入意識獲得成長，這就會形成衝突。

如果沒有超越功能的整合，那結果就只有兩個：不男不女，或者時男時女——世界就亂套了。

而由於超越功能的存在，對立衝突的雙方得到了整合，整合的結果就是男人具有了有條理、有愛心、理解他人的特質！

影響人格發展的因素

在上一篇中講了人格的發展——精神世界充分分化、充分整合的過程。榮格把這個過程稱為自性化。

身體的健康成長，離不開營養和鍛鍊，一旦營養不足或失衡，或者缺乏鍛鍊，發育就會出現問題。

人格的發展也是一樣，有很多因素會對分化和整合的過程產生影響，導致人格不能夠完善的發展。

遺傳：先天的傾向

中國有句古話：江山易改，本性難移。此句出自明代大咖馮夢龍著名的「三言」之

——《醒世恆言》。

所謂江山易改，本性難移，是說人的本性是極難改變的。馮大咖認為，和改性相比較，還是去造反來得容易一點。

所謂本性，就是人與生俱來的天性，用現代心理學的話來說，就是透過遺傳獲得的人格特點。

有的人天生外向多於內向，有的人天生思考強於情感。

有的人生來阿尼瑪彪悍，自帶娘娘腔屬性。

有的人生來陰影兇猛，整天惹是生非。

有的生來人格面具強大，酷愛裝腔作勢。

儘管榮格不認識馮大咖，但其觀點和馮大咖是基本一致的——遺傳會造成一種特殊的、偏向某一方面的人格傾向，這種傾向是後天極難改變的。

除了遺傳，還有另外一些對人格成長有重大影響的因素：父母、教育、社會、文化……這些因素，我們統稱為環境。

父母：認同與獨立

電視劇《歡樂頌》和《都挺好》引爆了一個詞——原生家庭。所謂原生家庭的影響，基本上就是父母的影響。

在所有的人格發展理論中，父母都是非常重要的影響因素之一，在榮格這裡也不例外。但榮格大仙的名號不是白來的，他老人家對這個影響因素的理解，也頗有些仙氣。

榮格認為，小朋友們由於還沒有形成獨立的人格，他們就像一面鏡子，完整地反映著父母的精神世界。

榮格曾經透過分析一位病人兒子的夢，找到了他爹的心理異常根源——他認為子女的夢，反映的不光是自己的，更多的是父母的心理。

如果父母的精神出現問題，自然會反映到兒童身上，這正是大多數兒童心理疾病的根源。所以要解決兒童的心理問題，首先要擺平他們的父母。

榮格小的時候，母親因為精神失調住了幾個月的醫院，這為他帶來了極大的心理困擾，甚至得了幾個月的溼疹，這可能是榮格提出這個觀點的根源。

儘管榮格的觀點頗有點仙氣十足，但是我們必須承認，父母的人格健全，是孩子人格健康發展的先決條件——不可能指望一對神經兮兮的夫婦，養出一個樂觀開朗的孩子。

小朋友上學以後，隨著和父母相處時間的減少，精神依賴慢慢降低，這種認同感會逐漸減弱。於是他們會逐漸表現出和父母的不同，而形成自己的人格特點。

但是這個過程往往不能順利實現，尤其是在當下的中國。

這段時間，孩子們需要去探索、嘗試、獲取廣泛的人生經驗和人格成長的精神能量。但是很多家長偏偏在這個時候會陷害孩子一把——過分關心和保護，大事小事都要摻和一把，甚至替孩子作決定。

這就掐斷了孩子人格成長的精神能量通道，於是孩子的人格發展就延緩或停滯了。無數的小公主、小少爺、敗家子、啃老族就是這麼來的！

孩子放養好，不是沒有道理的！

講到這裡我突然想起前幾天一個朋友在微信上傳來的趣事。

孩子因成績不好，被媽媽罵笨鳥，孩子不服氣地說：「世上笨鳥有三種，一種是先飛的，一種是嫌累不飛的。」媽媽問：「那第三種呢？」孩子說：「這種最討厭，自己飛不起來，就在窩裡下個蛋，要下一代拚命飛。」

這雖然只是個趣事，但是反映了很多父母的另一種心態：自己身上缺失的東西，往往希望在下一代的身上得到補償。

自己個子矮，就希望孩子長得高一點，於是就各種補鈣。

自己學習成績不好，就要逼孩子好好學習，於是就瘋狂報補習班。

自己性格內向，溝通能力差，就希望孩子的性格外向，於是各種所謂的卡內基培訓機構就出現了。

望子成龍，望女成鳳，無可厚非，但是把孩子當作自己的心理補償，那就未免有些自私了。孩子雖然是你親生的，但心理特點未必和你一樣。

天生就是思考型，你非要讓他去彈鋼琴。

天生就是情感型，你非要培養他當科學家。

天生就是內向型，你非要他能說會道，八面玲瓏。

這還不是最可怕的，如果父親和母親的想法不一樣，一個要往東，一個要往西……

那這孩子除了人格分裂，好像沒什麼其他的路可走了。

父母對孩子人格發展的影響還有很多，比如在原型理論中講過的，母親對男孩的阿尼瑪的影響，父親對女孩的阿尼姆斯的影響等，篇幅受限，以後再講。

教育：投射與引導

記得二〇〇六年，我讀二級心理諮商師的時候，同學裡面有很多教師，當我們聊起為什麼要來讀諮商師，他們都是想多了解一點學生的心理發展。

師範學生的課程安排中，都會有心理學這麼一門課程，但大多數老師，對學生心理發展的了解也還是嚴重不夠的。

而榮格早在二十世紀就提出了自己的觀點：教育工作者，必須懂得青少年心理的發展，因為老師對學生的人格發展，有著很重要的作用。

對於學生來說，其重要性甚至要高於智力的發展和知識的積累，因為健全的人格，才是他們受用一生的財富。

講到這裡，我想講一講我的小學時代，講一講我的小學老師。

我的小學時光，在北方一個小鎮明星小學度過。在那六年裡，我遇到很多優秀的老師，他們懂教育，有耐心，循循善誘，因材施教，在他們那裡我得到了受用一生的精神財富。

我也遇到了一些惡劣的老師，在他們那裡，我收穫了影響一生的精神垃圾。在他們眼裡，學生只是賺取業績的工具和出氣的對象。當他們心情不好的時候，一節課會拿出半節來罵學生出氣；當學生犯錯的時候，他們不是批評教育，而是破口大罵，拳腳相向。

摧殘學生的肉體，踐踏學生的靈魂，幹完了這一切，還要撂下一句「我是為你好」！

有人說，他們素質差。我說，他們的人格不健全。

作為老師，不光要對學生的心理特點有所了解，更重要的是，要清楚地認識自己，否則就非常容易把自己的心理問題投射給學生——一個人格不健全的老師，怎麼能培養出人格健全的學生？

在教師隊伍中普及心理學知識，功在當代，利在千秋！如果這一普及能早個十幾年，或許就不會有馬加爵事件[4]了。

老師應該主動發現學生人格發展過程中遇到的問題，並對他們進行一對一地幫助。比如鼓勵內向的孩子發展外向的心態，幫助偏向情感的孩子發展思考能力，從而使孩子的人格平衡發展。

榮格認為，教師的職責，是讓學生身上那些潛意識的東西，成為自覺意識的東西，從而得到充分的分化與成長。

所謂循循善誘、因勢利導！

而在這個過程中，老師也能從學生身上獲得很多新鮮的經驗，拓寬自己的意識領域，使

4 指中國雲南大學學生殺死四名同學的社會震驚事件。

得自己的人格也得到相應的成長，所謂教學相長！

社會文化：模仿與認同

榮格認為，社會和文化作為人生活的大環境，其評價標準與人們對人格類型的選擇，是密切相關的。比如說西方人傾向於成為外向、思考型；而東方人則更傾向於成為內向、情感型。

說到社會和文化，我想起了十幾年前風靡全國的一檔選秀節目，這檔節目，成功地引領了數年中性化的潮流。

不用我說大家也能猜到了，這檔節目是超級女聲。

在這之前，男孩子像男孩子樣，女孩子像女孩子樣，在節目播出之後，一切都變了。大江南北各地街頭，迅速湧現了一大批服飾、髮型都難辨性別的潮人。

一時間，好好的女孩子紛紛改稱女漢子……

這一切都可以用一個詞來完美地形容：阿尼姆斯膨脹——一場選秀節目，改變了人們的審美導向，喚醒了無數少女心中沉睡的阿尼姆斯。

在這樣的社會環境中，男性的阿尼瑪和女性的阿尼姆斯都得到了更充分的分化和成長。與此同時，人們的人格面具也開始逐漸削弱，而自我意識則逐漸強大，這一點從現在的九〇後大學生們身上就能看出來——越來越聰明，越來越自我！

3

阿爾弗雷德·阿德勒

阿德勒生平

曾經有一個學弟跟我說，他從小斜視，所以非常自卑，不敢和人打交道，不敢談戀愛，大學快畢業了，連求職面試都不敢參加。

我想了想，講了一個故事給他聽：

從前有一個小男孩，哥哥高大英俊，自己卻又矮又醜，還是個駝背，四歲才學會走路。三歲時弟弟病死在身旁，五歲時自己病倒，爸媽都去準備棺材了，一不小心又活過來。上學時成績稀爛，

阿爾弗雷德·阿德勒

被老師劃入學渣行列，建議他去做鞋匠。

後來，這個小男孩靠著自己的努力，戰勝了自卑，成為二十世紀最偉大的心理學家之一，他的著作《自卑與超越》被翻譯為幾十個語言版本，廣為流傳。

這個小男孩就是本文的主角——阿德勒。

阿爾弗雷德·阿德勒，奧地利籍猶太人，著名精神病學家、心理學家，精神分析學派傑

出人物，個體心理學創始人，人本主義心理學（馬斯洛派）先驅，自我心理學之父。

佛洛伊德曾經最親密的戰友，後來分道揚鑣的學術敵人，精神分析學派內第一個站出來反對佛洛伊德觀點的人，佛洛伊德恨之入骨，甚至在其死後仍咬牙切齒的人。

悲苦童年

一八七〇年二月七日，維也納郊區小鎮魯道夫謝姆，隨著一聲並不響亮的啼哭，猶太商人萊昂波利德迎來了他的第二個兒子，他給這個兒子取名阿爾弗雷德．阿德勒。

萊昂波利德在維也納經營糧食生意，這是個生活必備的行業，加上猶太人從娘胎裡帶出來的商業頭腦，他的生意做得風生水起，家道相當雄實。

以現代的話來形容，阿德勒屬於含著金湯匙出生的富二代。一般來說，富二代的童年即便不是特別幸福，也不會太慘，但阿德勒同學偏偏是個例外。

阿德勒的童年，只能用一個字來形容——苦。

長得又矮又醜，和相貌英俊、高大威猛的大哥簡直不像一個媽生的。

從小就有軟骨病，身體孱弱、行動笨拙，四歲才學會走路。

軟骨病還導致了駝背，當他費盡吃奶的力氣往前挪步的時候，比他大兩歲的哥哥卻像猴子一樣在一邊蹦來跳去，每當這個時候，小阿德勒就會低下頭來，流露出自慚形穢的表情。

但幸好還有母親的存在，由於身體不好，阿德勒得到了母親的細心照料，受到很大的慰藉，但好景不長，搶生意的很快來了——母親又生了個弟弟。

這是阿德勒人生中第一次被搶生意，三十年後，他還會再被搶一次，下一個開搶的，叫卡爾・榮格。

在我兩歲之前，媽媽對我很寵愛，但弟弟出生之後，她的注意力就轉移了，我有一種被廢黜的感覺……

三歲的時候，弟弟魯道夫得了白喉病，在當時是一種傳染性極強且死亡率極高的病，父母和醫生都束手無策。有一天早晨，阿德勒醒來後發現，魯道夫靜靜地躺在自己身邊，已經沒有了呼吸，這帶給阿德勒極大的心理創傷。

幸好只是心理創傷，阿德勒並沒有被傳染，但下一次就沒這麼幸運了。

五歲那年的一個寒冬，一個小屁孩帶著阿德勒去滑冰。一上冰面，那孩子就滑遠了，並如打了狗的肉包子一去不回。小阿德勒站在冰面上，又冷又怕，一路屁滾尿流、連滾帶爬地逃回家中，隨後便得了嚴重的肺炎，高燒昏迷。

父親叫來了家庭醫生，醫生忙了大半天，說出了無數醫生說過，以後還會有無數醫生會說的那句話：我已經盡力了……

一般來說，家裡人聽到這句話，就要去準備壽衣和棺材了。但這一次，醫生卻被阿德勒頑強的生命力結結實實地打了一把臉——掙扎了幾天之後，他活過來了……

因為這次起死回生，以及弟弟病死帶來的痛苦，阿德勒立志成為一名醫生，這樣就可以消除病痛，戰勝死亡。他在傳記裡寫道：

五歲那年我得了嚴重的肺炎，父親請來了一位醫生，他告訴父親，不用再為照顧我而麻煩了，因為我已經沒有活下來的希望。我頓時感到一種極其可怕的恐怖。

當我康復以後，我立刻決定以後要成為一個醫生，那樣就可以更好地抵禦死亡的威脅，並要有比那個傢伙更高明的醫術，我要堅持走下去，哪怕在我和目標之間存在著眾多的困難……

阿德勒後來實現了理想，不光成為一名優秀的醫生，更成為享譽世界的心理學家。

吊車尾的逆襲

五歲的時候，阿德勒開始讀小學，並於四年後進入中學。巧合的是，這所中學正是佛洛伊德當年就讀的學校。

儘管佛洛伊德已畢業多年，但江湖上依然流傳著佛洛伊德的傳說。十四年前，他在這裡連續七年成績第一而獲得了學校的免試政策。

相比較起來，阿德勒在這個時期的成績就遜色了很多。

阿德勒因為數學成績不好，被老師毫不猶豫地劃入後段班的行列，甚至老師還建議他以後去做鞋匠。這個建議給阿德勒同學留下的陰影是如此之深，以至於多年以後，他出版的第一本著作就是《裁縫行業健康手冊》。

不過父親沒有聽從這個缺心眼的建議，而阿德勒也在這個建議的刺激之下開始發奮學習，成績逐漸有了起色。

有一次，阿德勒搞定了一道奇難無比，連老師都搞不定的數學題。老師頓時對阿德勒刮目相看，吊車尾的頓時逆襲成為學霸，儘管離佛洛伊德的成就還差著十萬八千里，但對阿德勒來說，這已經是非常了不起的成就。

這件事極大地增強了阿德勒的自信，在以後的人生中，他不只一次自豪地提起這件事。他認為人的潛力是無限的，而不是天生注定，只要肯努力，每個人都會獲得成功。

這也是阿德勒個體心理學理論的重要原則之一。

兩個西格蒙德

在阿德勒的家庭生活中，有兩個人需要著墨一下，一個是父親，一個是大哥。

阿德勒的父親對他非常寵愛，期望很高，希望他將來能夠成就一番事業。當阿德勒面臨困境的時候，父親總會給他鼓勵和支持。

父親告訴他：不能被眼前的困境所束縛，不能相信眼下的困難就是你的一生，要勇敢去突破，創造自己的生活。

阿德勒後來的成功，多多少少是堅持這個信念的結果。

在父親的影響下，阿德勒從小就不甘落後，並勇於挑戰自己的自卑感。

在阿德勒上學的路上，會經過一座公墓，他每次走過的時候都十分害怕，而他的同伴卻毫不在意，這讓阿德勒很苦惱。有一天，他故意和同伴拉開一段距離，把書包扔在墓碑後面，然後多次來回穿越公墓，直到克服了恐懼感才停下來。

順便說一句，在行為治療中，這叫減敏療法，恐懼症、強迫症的治療方法之一。

積極的心態使得阿德勒變得更為上進，同時他也是個很合群的小孩，與同伴的和諧相處使他感到非常滿足。在各種遊戲中，他也總是試圖去超過身邊的人，尤其是他的大哥。

阿德勒的大哥，有個當時不出名，後來很出名的名字——西格蒙德，讀過佛洛伊德篇的同學們，應該很熟悉這個名字，因為佛洛伊德的全名，就叫西格蒙德·佛洛伊德。

不知道是否是冥冥之中的天意，阿德勒一生中的兩位主要競爭者，都叫這個名字……

阿德勒的青少年時期一直生活在哥哥西格蒙德的陰影之下。

在童年時期，陽光帥氣、高大威猛的大哥，讓又矮又醜、行動不便的阿德勒自慚形穢。

成年後，大哥交友廣泛、能力很強，經營著一家私人圖書館，是這個大家庭的主要收入來源之一，深受全家人的敬慕和尊重。

相比之下，阿德勒則黯然失色。對這位優秀的大哥，阿德勒一直保持著濃濃的醋意。

數十年後，阿德勒已經成名於江湖，他把和大哥之間的關係，比喻成花園裡樹苗的競爭——每一棵樹苗都為爭奪足夠多的陽光、養分和空間而展開爭奪。

甚至到了不惑之年，阿德勒依然醋意十足：西格蒙德，一個善良又勤奮的傢伙，他一直比我強，一直比我強……

知識補充小帖：恐懼症和系統減敏療法

恐懼症，也是一種知名度非常高的網紅級精神官能症，提到恐懼症，大多數人都能想起來密集恐懼症、社交恐懼症之類的名詞。

恐懼的對象，可謂是五花八門，怕具體東西的：怕狗、怕蛇、怕馬、怕血、怕汽車，怕吹風機，我見過的最無厘頭的是怕熱水瓶塞，時至今日我都不明白那仁兄在怕什麼。

怕某些情景的：懼高、恐黑、恐飛、恐水……

怕某些場所：密閉空間（比如說電梯）、廣場恐懼……

當然，還有一種比較常見的，社交恐懼症——怕和人打交道，最典型的就是不敢看別人的眼睛，不然就會面紅耳赤。

《實用心理異常診斷矯治手冊》對恐懼症的定義如下：一種對外界特定處境、物體或在與人交往時產生不合情理又異乎尋常、強烈的恐懼或緊張不安的內心體驗，從而出現不必要之迴避反應的精神官能症。

恐懼症的診斷標準有三個：

自己很清楚恐懼反應不合情理（比如說怕軟木塞），但就是怕得不行，難以擺脫；

發作時伴有心慌、臉紅、出汗、噁心、頭暈、顫抖等自主神經功能紊亂症狀；

對引發恐懼的處境、場所、人際交往極力迴避。

恐懼症的發病原因有很多，遺傳因素、人格因素以及心理社會刺激都有可能是致病的原因，在此不作詳述。

恐懼症的治療，除了心理疏導和藥物治療之外，有一種方法比較常用：系統減敏療法，我們大致講一下。

所謂的系統減敏療法，就是循序漸進地切斷恐懼對象和恐懼反應的條件性聯繫，按操作方式不同可分為想像減敏和情境減敏。

拿情境減敏舉個例子，有個怕狗的傢伙來找醫生，醫生讓他舒服地躺在沙發上，放鬆自己肌肉，把情緒調整到平靜狀態。

隨後，醫生分多次向他呈現由弱到強的關於狗的刺激：當他的面說狗——錄音機裡放狗叫——面前放一張狗的照片——換成狗的影片——牽來一條真狗放在門口——把狗放進治療室。

每呈現一個刺激，就引導他放鬆全身的肌肉，調適情緒，直到克服對該刺激的恐懼。隨後把刺激等級一級級提高，直到克服最高強度的刺激物帶來的恐懼——狗來到他的身邊。

而想像減敏，顧名思義就是沒有真狗，而是讓患者在腦海中想像一條狗。

這就是系統減敏療法，行為主義治療的經典技術之一。

求知生涯

一八八八年，在命運之神的安排下，阿德勒追隨佛洛伊德的腳步，進入了維也納大學醫學院，在隨後的七年時間裡，他接受了專業的醫學訓練，並循序漸進修習了心理學和哲學的知識。

阿德勒於一八九五年獲得醫學博士學位，畢業後，他沒有留在學校裡研習理論，而是選擇投身實作——開設了自己的診所。

十三年前，同樣是從維也納大學醫學院畢業的佛洛伊德做出了同樣的選擇。但不同的是佛洛伊德是要搞定丈母娘，而阿德勒是因為理想，因為一顆懸壺濟世的心。

在當時，有頭有臉的醫生（以佛洛伊德為代表），都會將診所開在有錢人聚集的內城區。但阿德勒卻把診所開在了利奧波德區——猶太人和中下層工人的聚集地。

在這裡他接觸了形形色色、三教九流的人物，上到政府官員、律師、作家，下到廚師、服務生、窮學生。

不管是什麼人，阿德勒都一視同仁，認真地為他們診斷、治療，並盡心盡力、無微不至地照顧他們。

在阿德勒的病人中，有一個特殊的群體——在公園裡表演的大力士、小丑、雜技演員。

在中國，也有類似的群體——賣藝人，他們當中的傑出代表，叫天橋八大怪。

不論古今，不論中外，這一行的從業者都有以下共同特點：

1. 身體、長相一般都有缺陷，當然也不排除有幾個美女。
2. 都有很強的絕活，一般人絕對練不會的（胸口碎大石、蒙眼扔飛刀之類的）。
3. 樂觀開朗，對生活充滿熱情，集體意識強。

正是這群奇人，給了阿德勒最初的啟發：因為身體的缺陷，使得他們激發了潛能，透過超凡的毅力，練就了各種絕活，並找到了自己的價值和人生意義。

阿德勒的器官自卑和補償理論，就起源於此。

後來阿德勒發現，不光雜耍藝人，還有很多的奇人，在童年時代都有一些身體上的缺陷，他們藉著克服這些缺陷，最終成為各個行業的頂尖大咖。

比如古希臘著名的演說家狄摩西尼，從小患有嚴重的口吃，居然透過自己的刻苦訓練，成為古希臘最出色的雄辯家。

這個發現大大地啟發了阿德勒，並為個體心理學理論的發展，形成了最初的思路：由自卑感推動的，追求卓越的動機，是人格成長的根本動力。

胸懷天下

一八九八年，阿德勒的第一部著作出版。

不知道是否和中學老師曾經建議他去當鞋匠的陰影有關，這部著作的名字叫《裁縫行業健康手冊》。

彼時的奧地利，由於第二次工業革命的衝擊，製衣行業陷入谷底，企業主們只能靠壓榨和剝削工人來賺取可憐的利潤。

裁剪工人的生活異常悲哀，他們收入微薄，工作環境惡劣，每天工作十幾個小時，還經常領不到工資，過著食不果腹、居無定所的日子。他們的職業病發病率奇高，壽命也比正常人要短很多。

阿德勒撰寫這本書呼籲政府重視、關心裁剪工人，改善工作、生活條件，保障他們的身體健康。

阿德勒提議：政府應該制定保障工人權益的勞動法案，推行失業保險和工傷保險、限定工作時長、禁止按件計酬、改善工作環境……

這部充滿著關愛的作品，展現了阿德勒極強的社會責任感——胸懷天下，關心民間疾苦，為弱勢群體奔走倡言。

阿德勒認為，醫生應該負起自己的社會責任，應該關心勞苦大眾的健康，而不是醉心於研究和診斷。

初識佛洛伊德

一九〇二年，維也納《新自由報》刊登了一篇文章，評價了一部偉大的巨著——《夢的解析》。

此文洋洋灑灑的對佛洛伊德的開山巨著進行了全面、深入、有系統的評論，我費了好大的力氣，也沒能找到這封信的原文，只能用五個字來概括一下本篇文章作者的觀點：嚴肅的胡扯！

這篇文章的作者是何方大神，已經不可考證，但這位仁兄做夢也想不到的是，這篇文章會給精神分析學派乃至心理學的發展帶來多麼深遠的影響，因為文章發表後不久，有一位年輕的醫生看到了這篇文章。

這位醫生的名字，叫阿德勒。

阿德勒看到這篇文章後，立刻做出了那個影響他一生的決定——買一本來瞧瞧。

瞧了幾天，阿德勒發現這本書並非評論中寫得那樣亂扯，而是極好、極有價值，於是做出了第二個決定——寫一封公開信，支持佛洛伊德的觀點。

一九〇二年十一月二日，公開信發表不久，阿德勒收到了佛洛伊德寄來的明信片，佛洛伊德向阿德勒致以誠摯的問候和由衷的感謝，並熱情邀請阿德勒加入他的討論小組。

佛洛伊德在信中寫道：

非常令人尊敬的同事先生：

為了探討我們共同感興趣的話題——心理學和精神病學，小組裡的同事和追隨者每天晚上在我家進行的討論，正給我帶來會談的快樂。你願意加入我們嗎？我們已經決定下週四舉行第一次會議，我希望早日得到你的答覆。

收到明信片之後，阿德勒立刻回信給佛洛伊德：Yes, I do！

這是一張影響深遠的明信片，它不光深深地影響了阿德勒的學術生涯，而且對整個精神分析學派，甚至現代心理學的發展都意義深遠。

在以後的日子裡，阿德勒一直將這張明信片帶在身邊，直到他生命的最後一刻。

但是，卻不是為了紀念！

星期三心理學會

一九〇二年，秋風蕭瑟的維也納，一個禮拜四（你沒看錯）的晚上，貝格街十九號一個私人診所裡，五名猶太人醫生圍坐在一張會議桌旁，他們陸續宣讀自己的論文。

隨後，一位氣質優雅的家庭主婦端來香濃的黑咖啡和美味的甜點，用完咖啡和甜點後，他們點上雪茄，一邊噴雲吐霧，一邊高談闊論。

最後，一位年長的醫生進行了評論和總結發言。

年長的醫生是佛洛伊德，氣質優雅的家庭主婦，自然是佛洛伊德的妻子，瑪塔·貝爾納斯。其餘四位醫生分別是阿爾弗雷德·阿德勒、威廉·斯泰克爾、馬克斯·卡安和魯道夫·賴特勒。

這就是現代心理學發展歷史上，最著名的學術揪團——星期三心理學會的第一次集會。有意思的是，星期三心理學會的第一次會議，是在星期四召開的。

最初，學會中只有佛洛伊德和他的四大金剛，隨著影響力的擴大，很多對精神分析感興趣的學者紛紛加入，瑞士人卡爾·榮格及其情人薩賓娜、德國人亞伯拉罕、安德烈亞斯·莎樂美（尼采的追求者、里爾克的情人）、瑪麗公主（性冷感那位）……

他們當中有些人追隨佛洛伊德一生，並在生死關頭不離不棄，但更多的人後來和佛洛伊德分道揚鑣，創立了自己的理論，其中兩位最成功的跳槽者，一位叫榮格，一位叫阿德勒。

一九〇八年，星期三心理學會更名為維也納精神分析學會，同年再次更名為國際精神分析學會。

星期三心理學會的影響，是如此深遠，一百多年後的今天，星期三的晚上已然成為一個神聖的時刻，世界各地的心理學研究者、從業者、大學生們都喜歡在星期三的晚上開會。

這是後繼者用自己的方式，在向一百多年前的前輩們致以崇高的敬意！

不和與分裂

星期三心理學會成立初期，內部氣氛非常和諧，大家緊密團結在以佛洛伊德為核心的會中央周圍，不斷碰撞著思維的火花。

隨著學會的擴大，以及佛洛伊德學霸作風的日益濃郁，開始出現了一些不和諧的聲音，最終走向分裂（還不只一次……）。

阿德勒和佛洛伊德的關係也是一樣，從一九〇二年學會開張，阿德勒一直是佛洛伊德忠實的擁躉，每週風雨無阻參加佛洛伊德的會談，並踴躍地發表自己的觀點。

阿德勒提出的很多觀點，都得到了佛洛伊德和學會同仁的認同，在榮格出現之前的很長一段時間，佛洛伊德都將阿德勒視作精神分析運動的接班人。

阿德勒認為器官的缺陷，會對人格的形成產生很大的影響，一九〇七年，在其著作《器官自卑及其心理補償的研究》中，阿德勒論述了精神官能症形成的原因——器官自卑，以及戰勝器官自卑所導致的過度補償。

在一次聚會上，阿德勒向學會中的同仁介紹了此書，得到了全體與會者，包括佛洛伊德的認同和讚揚。佛洛伊德認為此書是一本很有價值的著作，是對生物驅力對精神官能症影響的重要補充。

但是在一片和諧的表象下，分裂的種子早已埋下。

阿德勒從一開始就對性本能之類的東西不感興趣，在《器官自卑及其心理補償的研究》發表後，阿德勒開始思考，人格發展的動力究竟是什麼？

一九〇八年，阿德勒發表了論文《攻擊的內驅力》，主張用一種追求的內驅力，來取代佛洛伊德的性本能。

一九一〇年又連續發表了論文《自卑感》和《男性的抗議》，提出了「男性的抗議」這個驅動力量，後來這個概念發展成為個體心理學的核心理論之一——追求優越。

這一系列論文的發表，使得阿德勒的理論體系和核心觀點逐漸明晰，但是在佛洛伊德眼裡，阿德勒是在打自己的老臉。

因為這一系列的觀點，悖離了佛洛伊德理論的核心——性本能。學霸作風濃郁的佛洛伊德自然不會容忍自己的門人（一廂情願）挑戰自己的核心觀點和個人權威，一九〇八年，二人為期六年的蜜月期宣告結束，開始心生齟齬。

一開始，佛洛伊德本著治病救人的態度，希望把阿德勒拉回自己的陣營。一九一〇年，佛洛伊德任命阿德勒為維也納精神分析學會主席和《精神分析雜誌》的主編。

但是，阿德勒如同吃了秤砣的某種爬行動物，鐵了心地在自己的理論道路上一路狂奔。

沒辦法了，撕裂吧……

佛洛伊德指責阿德勒忽視了潛意識及性本能的重要性，指責阿德勒的理論是反動、保守及倒退的，會對精神分析造成難以癒合的傷害。但阿德勒認為佛洛伊德是害怕自己把那些晦澀難懂的理論，用一種通俗易懂的方式呈現於大眾面前。

惱羞成怒的佛洛伊德向阿德勒下了逐客令，並要求學會的成員選邊站：要麼跟老子一起槓上阿德勒，要麼一起滾蛋。

一九一一年，阿德勒辭去維也納精神分析研究協會的主席職位，並退出協會，順手還帶走了七位會員。他們在一家咖啡館裡成立了新精神分析學會，後更名為個體心理學協會。

佛洛伊德贏得了暫時的勝利，卻迎來一連串的失敗，在阿德勒之後，斯泰克爾、榮格等人紛紛離開。

佛洛伊德的後半生，一直生活在阿德勒背叛的陰影中，阿德勒一行退出協會後，佛洛伊德四處散布謠言，誹謗阿德勒，稱阿德勒得了妄想症。

二十五年後，阿德勒因心臟病發，逝世於蘇格蘭亞伯丁街頭。

俗話說人死為大，但小心眼的佛洛伊德依然耿耿於懷：

對於一個生長在維也納郊外的猶太男孩來說，死於亞伯丁（蘇格蘭）這本身就是前所未聞的事情，也足夠證明他走得多麼遠了。這個世界對他曾經在對抗精神分析方面所做的貢獻給予的回報實在是太多了。

分裂背後

阿德勒和佛洛伊德都是猶太人，都出生在農村，父母都是半文盲，就讀於同一所中學、同一所大學，都把醫學和心理學當作畢生的追求。

人生軌跡如此相似的兩個人，最終卻分道揚鑣，反目成仇，實在是令人唏噓不已。

有人說，他們的分裂是由於學術觀點的不同。

佛洛伊德關注的，是潛意識、性本能和生物因素這些非理性的東西。而阿德勒關注的，是理性的一面，認為社會因素對人格形成和發展的過程有著重要的影響。

但是在學術觀點差異的背後，還隱藏著另外一些東西。

二人相遇的時候，阿德勒三十二歲，而佛洛伊德，已經四十六歲了。十四歲的年齡差距，使得阿德勒對佛洛伊德，或多或少地心存一些敬畏，這種敬畏使得他們很難建立起親密的關係。

看到這裡，可能會有人跟我抬槓，榮格比阿德勒還小五歲，人家和佛洛伊德的關係為何那麼親密。

那是因為榮格同學從小缺乏父愛，所以將佛洛伊德當作「人生中第一個具有現實意義的男人」，而阿德勒同學和父親的關係很好，自然不會想再找個爹。

除了年齡的差異，二人的人格特點，也注定了後來的水火不容。

佛洛伊德野心勃勃、剛愎自用、唯我獨尊，視自己的觀點神聖不可侵犯，誰也不能提出異議。

一個提出，弄死一個，兩個提出，弄死一雙……

而阿德勒從小就是個不服輸的孩子，永遠爭強好勝，追求超越一切擋在身前的人，從他和另一個西格蒙德（大哥）貫穿一生的競爭中即可看出。

阿德勒一直對大哥西格蒙德充滿醋意，並試圖超過他，對佛洛伊德亦是如此。

這裡就要提到那張著名的明信片了，和佛洛伊德分手後，那張明信片成了阿德勒的隨身之物，在他的後半生中，每當有人提到他是佛洛伊德的學生，他都會發飆，然後拿出已經發黃的明信片，向人們說明：

老子是佛洛伊德的同事，不是學生……

在為數不少被阿德勒驚嚇過的人裡，有一個人非常有名——人本主義心理學的創始人馬斯洛，如果你不知道馬斯洛是誰，請拿出手機，搜尋一下「需求層次理論」。

一九三七年，阿德勒和佛洛伊德分手已經二十五年，這一年，也是阿德勒生命的最後一個年頭。阿德勒和馬斯洛在美國共進晚餐，小馬哥（那時才二十九歲）嚼舌根，說出了讓阿德勒最噁心的那句話——佛洛伊德的學生……

上一秒還溫文爾雅的阿德勒立刻暴跳如雷——發飆了，一又三分之一秒後，他掏出了那張明信片，然後開始碎碎念：老子不是佛洛伊德的學生，老子不是！

然後拂袖而去，留下小馬哥凌亂在風中……

馬斯洛

知識補充小帖：馬斯洛與需求層次理論

馬斯洛，又一個猶太人，美國著名社會心理學家，人本主義心理學之父，著名的「需求層次理論」的提出者。

按從低到高的順序，馬斯洛把人的需求分成五個層次：生理需求，安全需求，歸屬與愛的需求，尊重的需求，自我實現的需求。

生理需求：屬於低級別的需求，比如食物、水、健康。當生理需求沒有得到滿足的時候，人所考慮的問題只有一個——如何活下去，而不會去考慮其他。

一群餓了十幾天的難民，是不可能指望他們排隊要飯的。

安全需求：也屬於低級別需求，包括人身安全、生活穩定、免遭痛苦與威脅。

當一個人極度需求食物的時候，他會去和他人甚至野獸拚命來搶一塊肉，當家裡的肉夠吃了，再幹這些事情的時候他就會掂量掂量。

歸屬與愛需求：屬於高層次需求，包括友誼、愛情、隸屬關係等。

當一個人吃飽了，也有安全感了，就會生出和他人交往，尋求穩定人際關係的需求，交友、戀愛、娶妻生子。

尊重的需求：也屬於高層次的需求，包括成就、名聲、地位等。

中國有句老話，成家立業，和馬老師的理論頗有異曲同工之處：成家，滿足歸屬與愛的需求；立業，滿足尊重的需求。

但尊重的需求並不是終極的需求，終極的需求是自我實現的需求。

自我實現的需求：最高層次的需求，發揮個人潛力，實現理想、抱負。

自我實現，是每個人的終極追求，是指個體的各種才能和潛能在適宜的社會環境中得以充分發揮，實現個人理想和抱負的過程。

馬老師認為，人的行為是被需求所驅動的，但不同階段的人需求是不同的，一般當低層次的需求滿足了，才會出現高一層次的需求。

這個觀點有些過於絕對（革命前輩吃不飽穿不暖，生命時刻受到威脅，但依然為了理想和信念堅持奮鬥），馬斯洛晚年也表示：自己並不完全了解殉道者、英雄、愛國者、無私的人。

改換門庭，著書立說

一九一一年的一個秋日，阿德勒與七位追隨者和佛洛伊德分道揚鑣，退出維也納精神分析學會。

從學會中令人窒息的氣氛，以及佛洛伊德的教條作風中解脫出來的他們，像一群重獲自由的小鳥，在屬於自己的天空中開心地翱翔。

於是，他們新成立的學會叫自由精神分析學會。

這個名字有兩個意思：

1. 學會的研究方向，依舊是精神分析。

2. 學會的工作，是自由探索心靈的奧祕，而不是依附於誰的思想。

海闊憑魚躍、天高任鳥飛，擺脫了佛洛伊德限制的阿德勒開始大展拳腳，在隨後的一年多時間裡，自由精神分析學會召開了一系列的會議，發表了N多的學術成果。

用兩個字來評價和佛洛伊德分手後的這段日子：高產！

阿德勒的影響力迅速擴展到整個歐洲大陸，在法國、德國、塞爾維亞、俄羅斯等國家收穫了一大批迷弟和迷妹。

阿德勒的老婆羅莎，也對老公的事業給予了全力的支持。羅莎在照顧家庭同時積極參加阿德勒的學術活動，並客串了一陣學會的祕書，自由精神分析學會的早期集會紀錄，就出自羅莎之手。

在積極開展學術活動的同時，阿德勒也沒忘記挖挖佛洛伊德的牆角。一九一二年，一個寒冷的雪夜，斯泰克爾以嘉賓的身分參加了自由精神分析協會的討論，並深深地被他們討論的內容所吸引。

這個「通敵」行為使得佛洛伊德大發雷霆，稱斯泰克爾為阿德勒的走狗，斯泰克爾一怒出走，步阿德勒之後塵，和這位霸道總裁說了拜拜。

和專制霸道、神聖威嚴、追求格調的佛洛伊德不同，阿德勒是開朗隨和、容易相處的人。

在佛洛伊德的精神分析學會中，由於學霸作風濃郁的佛老大的存在，學會內部就像獨裁君主統治的國家一般，充滿著專制、壓抑和教條的氣氛。

如此多的人炒佛老闆的魷魚，除了學術觀點的不同，和這種氣氛也不無關係。

但阿德勒這邊就不一樣了，學會內部的氣氛相當和諧，個體心理學家們喜歡在咖啡館展開討論，他們把桌子拼起來，圍坐在一起，在輕鬆、和諧、活躍的氣氛中暢所欲言，各抒己見，求同存異，不斷碰撞出思想的火花。

自由，超乎想像的自由，要不怎麼叫自由精神分析協會！

同時，他們又是一群充滿愛心的人，儘管他們自己過著並不富裕的生活，當他們知道有一位很有音樂天賦的小朋友買不起小提琴的時候，他們毫不猶豫地湊出錢贊助了一把。

一九一二年底，阿德勒的重要作品《精神官能症的形成》出版，這本個體心理學的開山之作澈底擺脫了佛洛伊德的精神決定論，劃清了和精神分析的界限，奠定了個體心理學的理論基礎。

在此書中，阿德勒詳細論述了自卑感的作用，並提出了「追求優越」、「生活型態」等大多數個體心理學核心概念。

一九一三年，新的思想體系逐漸成熟，阿德勒做出了一個和過去告別的決定：將自由精神分析學會更名為個體心理學會——澈底劃清了和前任老闆的界限。

隨後的幾年裡，阿德勒在《個體心理學雜誌》上發表了大量的論文，不斷湧現出新的思想和觀點，如生活型態和精神官能症的關係、出生順序對人格的影響、同性戀和自卑感的關係等。

正當阿德勒準備大展拳腳，將自己的思想和學說發揚光大的時候，一場驚世浩劫打斷了他的計畫——第一次世界大戰。

這場浩劫給人類帶來了深重的災難，但卻推動了個體心理學的發展，在這場浩劫中，阿德勒找到了個體心理學思想的最後一塊拼圖。

戰爭孕育新思想

一九一四年，第一次世界大戰爆發，兩年後，阿德勒應徵入伍，不過不是去殺人，而是去救人——軍醫。

接到了軍隊的徵召後，阿德勒迅速關閉了診所，交代了後事，到部隊報到。

請注意，我說的後事，是之後的事，不是身後的事——安排同事歐文・克勞茨繼續開展學會的工作。

奧匈帝國是個不大的國家，軍隊規模有限，無力支撐大規模的長期戰爭，隨著戰爭的擴大及兵員的消耗，大批從沒摸過槍的菜鳥被徵召入伍。

一群連雞都沒殺過的平民，突然被趕到血肉橫飛的戰場上去和素未謀面的人以命相搏，上一秒鐘還是大活人，下一秒可能就是四分五裂的屍體。在這樣的心理壓力之下，大批新兵出現各式各樣的心理問題。

於是精神科醫生們出場了，在阿德勒之後，斯泰克爾等人也相繼被徵召入伍。他的工作有兩個，一個是揪出裝病的傢伙，一個是治療真病的。

阿德勒被派往一個前線醫院的精神科，在他到來之前，精神科的大神們大多使用的治療方法是打針、泡冰水，還有通電。

但事實證明，這些做法並沒有什麼屁用，很多士兵根本沒有完全恢復，就被用槍頂著屁股趕回了前線。

這樣的傢伙，自然只能挖挖工事，搬搬物資，一旦槍聲響起，沒幾秒就尿了褲子。

阿德勒的到來改變了這一切，他迅速鼓舞了傷兵們的愛國熱情，一時間不論是裝病的還是真病的，都要求重返戰場，有些傷沒好到底的都提前出院去前線打仗了。

這麼大的本事，不去當政治家，真的是糟蹋了！

在工作之餘，阿德勒也沒忘記自己的老本行，他透過對傷兵行為的觀察，發現了一些非常有意思的現象。

比如說睡姿和心理狀態的關係：睡覺時縮成一團的傢伙，基本都是些膽小慫蛋；而睡成大字型還流口水的，則都是心理素質剛強，沉著冷靜的老兵。

當然，這並不是他最關心的，阿德勒思考更多的是對心理深受打擊和創傷、失去生活信心和勇氣的士兵們，如何幫助他們從消極的心態中解脫出來，讓他們以積極的心態面對明天，生龍活虎地重返戰場——儘管他並不願意這麼做。

阿德勒在前線醫院工作了一段時間，後來被調往後方的兒童醫院。他目睹了戰爭給人類帶來的肉體和精神的雙重摧殘。傷兵們垂死掙扎的慘叫，孩子們可憐的目光，都深深地刺痛了他。

在無數個不眠之夜，阿德勒反覆思考一個問題：為什麼會發生戰爭，如何避免戰爭，人類的未來路在何方？

四年後，戰爭終於結束，阿德勒的思考也有了答案，他找到了避免戰爭這個悲劇重演的鑰匙——社會興趣。

所謂社會興趣，是一個人能以積極的態度來看待他人和社會，並能夠產生認同感和歸屬感，是一個人具有的為他人、為社會的自然傾向。

阿德勒認為，有無社會興趣，是心理是否健康的重要指標，現實生活中的很多失敗者，都是因為缺乏社會興趣：戰爭狂人、罪犯、酗酒者、妓女、問題少年、自殺者……

這個思想的誕生，是個體心理學發展的重要轉折點，它標示著阿德勒從個人精神的研究，轉向關注現實生活中的問題。

知識補充小帖：創傷後壓力症候群（PTSD）

一個在戰場上歷經九死一生的老兵，退伍之後回到家中開始不斷地做與戰場有關的惡夢，一點點小的聲音都能引起他的警覺和防衛性動作，極力迴避電視電影中關於戰爭和打鬥的場面，面對家人的關心也表現得十分冷漠。

一個女孩，地震中一家人都被埋在房子底下，只有她一個人獲救。經過一段時間的安撫，劫後餘生的女孩平靜了下來。但沒過多久，女孩的腦海中控制不住地開始出現當時的恐怖畫面，並伴隨著強烈的恐懼和背痛，即使睡著了也會被一個又一個惡夢驚醒。女孩開始變得敏感、多疑，不敢進屋子，總是擔心屋子會倒下來。面對心理諮商師，女孩也表現出極大的阻抗，不願回憶以前的事情。

這兩個案例，就是典型的創傷後壓力症候群。

創傷後壓力症候群是發病率較高的一類重型心理疾病，多見於災難、戰爭、強烈的傷害或目睹悲慘的場景之後。

《實用心理異常診斷矯治手冊》對創傷後壓力症候群的定義是：由異乎尋常的威脅性或災難性的心理創傷事件或處境直接引起，但精神障礙延遲發生，即通常在遭受創傷後數日或數月甚至半年以後才出現精神障礙。

臨床症狀主要有反覆重現創傷性體驗、持續的警覺性增高、對創傷事件相似或有關情境的迴避。病程至少持續三個月，通常可達數年，大多數人可恢復正常。

投身兒童教育

一九一八年十一月十一日（好日子），德意志帝國投降，第一次世界大戰結束。奧匈帝國解體，奧地利共和國成立，阿德勒期盼已久的和平終於到來。

戰後，阿德勒把主要的精力投入到了兒童教育上，他希望透過教育改革，為兒童建立起完善的人格，進而改造他們長大後的社會。

阿德勒認為，這是實現世界和平的必經之路。

一戰後，阿德勒和他的同仁、學生們，在維也納的三十多所中學裡建立個體心理學診所。這些診所不光為學生們解決心理問題、排除心理障礙，還會對學校的老師進行培訓。

在這個過程中，不光解決了很多少年的問題，老師們也受益匪淺，他們對教育的看法和方法都得到了根本性的轉變，他們培養出的學生，也更加優秀和健康。

據統計，一九二一年到一九三四年這十三年裡，維也納地區的青少年犯罪率大大降低，數字證明了阿德勒的成功，也說明了兒童心理健康的重要性。

我們經常看到一些關於猴囝仔的新聞，有的弄死別人，有的玩死自己。

有人說，他們還是孩子，不懂事；有人說，這種猴囝仔死有餘辜。但我要說，他們的父母和老師，在他們的人格成長上，是嚴重失職的。

如果他們能多關注一些孩子的心理成長，如果他們能懂一點心理學，那麼我們看到這種悲慘新聞的機率將會大大降低。

心理學不應該是高深玄妙的知識，更不應該是少數人牟利的工具，而應該是通俗易懂、惠及大眾的生活常識，阿德勒在幾十年前就做到了這一點。

應邀訪美

一九〇九年，美國克拉克大學校慶，校長霍爾邀請佛洛伊德和榮格一行赴美捧場，佛洛伊德在美國的演講盛大成功，取得巨大個人聲譽的同時，也讓大洋彼岸的同行們受益匪淺。

斯坦利．霍爾，克拉克大學校長，著名心理學、教育學家，是美利堅合眾國第一位心理學哲學博士，美國心理學會創始人。

順便說一句，霍爾的老師叫馮特，馮老師有一個稱號，叫科學心理學的創始人。

從佛洛伊德身上嚐到了甜頭的霍校長開始關注歐洲心理學的發展，並對阿德勒的個體心理學產生了濃厚的興趣，二人開始鴻雁傳書，霍校長對阿德勒的觀點非常認同，贊不絕口。

在二人惺惺相惜的時候，佛洛伊德卻咬牙切齒，用一句流行的話表達一下佛洛伊德和他的擁護者的心情——羨慕嫉妒恨！佛洛伊德的死忠擁護者法蘭茲酸酸地挖苦道：很明顯，霍校長是要把世界從性慾和伊底帕斯情結中拯救出來。

一九一四年，霍校長代表克拉克大學發出邀約，請阿德勒赴美講學，但隨後爆發的第一次世界大戰打斷了阿德勒的計畫。

十二年後，阿德勒終於如願以償，踏上美利堅合眾國的土地，但當年發出邀請的霍校長已經去世，二人未能見面。

斯坦利·霍爾

一戰後的美國

為期四年的第一次世界大戰，把歐洲打得滿目瘡痍，損失慘重。而在大西洋彼岸，一個超級大國正在崛起。

浩瀚的大西洋，隔絕了歐洲的戰火，戰爭初期向交戰雙方出售軍火、提供戰爭貸款讓山姆大叔大發橫財。儘管後期被迫捲入戰爭，但戰火始終未燃燒到本土，打爛的都是別人家的瓶瓶罐罐。

趁你病，要你命，趁著英、法、德、義等老牌資本主義國家忙著打仗，美國迅速發展經濟，增強國際影響力，成功地將大英帝國從世界領導者的寶座上踢了下來，自己一屁股坐了上去。

當歐洲國家硝煙散盡，收拾完破磚碎瓦、準備重新置辦家當的時候，他們驚喜地發現在大西洋的另一邊，一個完好無損、欣欣向榮的國家已經把它們甩出了幾條街。

美國一舉成為世界的金融中心，經濟蓬勃發展——爺有錢了。

有錢的人們開始熱衷享樂，忽視了精神的追求，宗教信仰開始缺失，婚姻和愛情也不像以前那麼忠貞和牢不可破，年輕人們厭惡傳統的限制，追求新鮮刺激的生活。

於是很多社會問題開始浮現，離婚率節節攀升，問題少年大批出現，有識之士們開始在各個領域尋找解決問題的辦法。

這時阿德勒關於婚姻、家庭和兒童教育的種種觀點進入了美國人的視野，哈佛大學、芝加哥大學、布朗大學等知名學府紛紛向阿德勒發出邀約。

兩度訪美 滿載而歸

一九二六年十一月，阿德勒乘坐的郵輪從南安普頓港起航，駛向大洋彼岸的紐約。

在幾個星期的航程中，阿德勒十分糾結。一方面他擔心自己並不熟練的英語，另一方面奧地利和美國的差距，也讓他的自卑感開始作祟。在登上美洲大陸之前，阿德勒並不知道自己的學說是否會被美國人接受。

事情的發展證明，阿德勒的擔心是十分多餘的。

除了糾結，阿德勒還有一絲絲忐忑不安，十四年前，一艘同樣豪華的郵輪，在同樣的季節，沿著同樣的航線，駛往同樣的地點，然後一頭撞上了冰山。

這艘郵輪的名字，叫鐵達尼號。

好在一路平安無事，郵輪順利抵達曼哈頓。

和深居簡出、醉心於內心世界的佛洛伊德不同，阿德勒是個熱愛社交，並十分擅長和人打交道的人，這讓他迅速在美國認識了一大批同道中人；而超強的演說能力，讓他迅速俘獲了美國大眾的心。

在美國期間，阿德勒積極開展社會活動，結識了許多心理學、教育學屆的精英人物：創辦了美國第一所兒童指導診所的所羅門．維爾、著名教育家杜威的弟子瑪麗．海倫娜、精神病學家莫頓・普林斯、暢銷書作家蘇菲・魯斯汀等。

除了社會活動，阿德勒在各種場所發表演講，向美國人展示他的個體心理學思想，阿德勒的演講誠摯又不乏激情，充滿著對人性的深刻洞察，卻簡潔清晰、通俗易懂。

儘管帶著濃濃的歐洲口音，而且不時也會有一些語法錯誤，但這無傷大雅，阿德勒在紐約、普羅維登斯、波士頓、辛辛那提、芝加哥、底特律等地進行了一系列精彩的演講，迅速征服了大洋彼岸的聽眾。

在芝加哥的演講，因為粉絲太多，有兩千多人沒有買到票，最後不得不更改場地。

美國的媒體，也對阿德勒的到訪投入大大的關注，《紐約時報》、《紐約世界》、《普羅維登斯雜誌》、《芝加哥論壇報》紛紛找阿德勒進行專訪，《普羅維登斯雜誌》稱阿德勒為「自卑情結之父」。

一九二七年四月《波士頓全球報》發表了一篇長文，評論了阿德勒的美國之行：四個月的旅行、四個月的演講，無論在哪座城市，哪所大學，阿德勒博士都受到了熱烈的歡迎。

四個月前，忐忑不安的阿德勒踏上美利堅合眾國的土地，四個月後，阿德勒在美國已經廣為人知，盛大贏得個人聲譽。

八個月後，阿德勒第二次來到美國，這時的阿德勒已經沒有了初次來訪時的忐忑不安，而是充滿了從容和自信。因為他發現和傳統、保守的歐洲比起來，崇尚平等和自由的美國更適合個體心理的發展。

在阿德勒第二次訪問美國之前，他的著作《理解人性》被翻譯成英文，並在美國出版。這是一本為美國大眾「量身打造」的書籍，阿德勒用通俗易懂的語言、實用而有效的方式闡述了人從出生到青少年的人格發展。

此書在美國出版後，不光受到了學術界的讚譽，也獲得了諸多非專業人士的青睞，銷量達到幾十萬本，並多次再版。

在還沒有亞馬遜的那個時代，這個銷量是驚人的。

隨後阿德勒輾轉各地，發表演講，再度獲得了巨大的成功，載譽返回歐洲。

定居美國　猝然離世

一九二九年，返回歐洲不久的阿德勒收到了美國哥倫比亞大學的訪問教授邀請。

儘管在維也納混得風生水起，但阿德勒在學術界的身分只是維也納大學醫學院的無薪講師，大致相當於今天大專院校的約聘人員。因為維也納大學認為他的理論過多地建立在推斷和思辨的基礎上，而缺乏嚴謹客觀的證據支持。

十幾年前，佛洛伊德在申請維也納大學講師職位的時候，也因為同樣的理由，受到了同樣的待遇，直到將近六十歲的時候，才憑藉一項失語症的研究撈到了一個教授職位。

訪問教授終歸是教授，阿德勒欣然接受了哥倫比亞大學的邀請，開始常駐美國。

定居美國後，阿德勒繼續奔走於各地，教授課程，發表演講，並嘗試在美國推廣兒童教育諮商中心。

在《理解人性》出版之後，另一本為美國人民量身打造的暢銷書《生活的科學》出版，在這本書裡，阿德勒第一次使用了「生活型態」一詞。

和《理解人性》一樣，《生活的科學》也獲得美國人的歡迎，《紐約時報》稱阿德勒為「美國西部的孔子」……

一九二九年，繼申請維也納大學講師未果後，阿德勒遭受了第二次同樣的打擊，他的終身教授申請被哥倫比亞大學拒絕，這一次出來作梗的，是佛洛伊德的弟子們。

彼時佛洛伊德的精神分析已經在美國發展得轟轟烈烈，在哥倫比亞大學也擁有一批腦殘粉，正是這批腦殘粉從中作梗，使得阿德勒再一次嘗到了吃癟的滋味。

吃了癟的阿德勒憤然辭去了哥倫比亞大學訪問教授的職位，一去不返，後會無期。

一九三二年，長島醫學院為他提供了醫學心理學教授的職位，阿德勒終於圓了自己的教授夢，並於同年出版了那本廣為人知的著作——《自卑與超越》。

此時，距他去世，還有五年。

一九三二年的維也納，納粹勢力逐漸強大，猶太人在維也納開始遭受排擠，阿德勒在奧地利的診所被關閉，書籍被焚毀，學說被禁止傳播。

一九三四年，奧地利的反猶浪潮升級，羅莎和幾個子女的安全已得不到保障，阿德勒正式移民美國，從此再也沒回到故土。

一九三五年，《國際個體心理學雜誌》在美國創辦。

隨後的幾年，阿德勒繼續奔波於美國和歐洲各地，發表演講，宣傳個體心理學思想。

由於名聲太大，邀請者甚多，阿德勒不得不辛苦地四處奔波，一九三七年五月二十八日，在講學旅行途中，阿德勒心臟病突發，病逝於蘇格蘭亞伯丁。

一代大師走完了六十七年的人生旅程，與世長辭！

自卑感

一九一三年，阿德勒將自由精神分析學會更名為個體心理學會，正式與佛洛伊德劃清界限，「個體心理學」這個偉大的名字就此登上心理學舞台。

阿德勒的觀點，可以解釋現實生活中的一些個人行為表現，所以叫個體心理學。

阿德勒認為，一個人的心中是充滿著矛盾的，矛盾能量的投注，是追求和他人、和社會和睦相處。

每個人都希望自己選擇的人是理想的人，自己選擇的社會是理想的社會。

但你選擇另一個人的時候，對方也要選擇你；你選擇社會的時候，社會也要選擇你。

對方或社會選擇你的唯一標準，就是你是否優秀。

當一個人因為不夠優秀，而無法和他人、和社會和睦相處時，就會產生自卑感，並在自卑感的驅動下去追求卓越——努力使自己變得優秀，從而使自卑感得到疏解。

如果追求的目標得當，可以逐步趨近，就會對社會越來越感興趣，人生就會越來越美好——這就是所謂的希望。

如果現狀和追求目標的距離越來越遠，越來越遙不可及，就對社會越來越不感興趣，人生也就越來越灰暗——這就是所謂的心死。

人一旦失去社會興趣，各種消極、悲慘、甚至可怕的事情就會接踵而來。

這大致就是馬加爵的心路歷程，也是個體心理學的主要觀點。

自卑感的定義

自卑感，個體心理學的核心概念。

阿德勒認為，當人面對自己的缺陷，或無法解決的困難時，會產生一種無力、無助感，使人無所適從，進而對自己感到失望和不滿，這就是自卑感。

最初的自卑感起源於嬰兒期，人類幼崽在很長一段時間內是沒有獨立生存能力的，吃喝拉撒、衣食住行都要依賴成人。在嬰兒的心中，成人偉大而萬能，自己渺小而無助——這就是最初的自卑感。

人的自卑感，主要來源於以下四個方面：

(1) 身體上的自卑感

傳說亞洲有四大邪術，變性術、化妝術、修圖術、整型術，今天我們來聊一聊整型術。

說到整型術，就不得不提一提和中國一江之隔的韓國。

前些年韓劇在中國非常流行，一群少男少女被迷得不能自已，但是大家有沒有注意過，同屬一個半島的另一個國家，在長相上似乎有點不一樣。

如果大家沒有親眼見到的印象，可以自行上網搜尋，對比一下「少女時代」和「牡丹峰樂團」。作為南北兩國頂尖的美少女組合的代表，拋開服裝和造型不談，在五官長相上就有很大的不同。

南邊的大眼睛、高鼻梁、尖下巴，而北方的眼睛似乎普遍小一個尺碼，鼻梁沒那麼堅挺，臉蛋似乎也更圓潤些。

不用我說大家也知道，南邊的很多都是後天加工過的，北邊的才是純天然。

北邊的訊息比較封閉，很少和外面的世界交流，以為原生態就是美。

而南邊則比較開放，見多了金髮碧眼的外國人、端莊美麗的華人，自然對自己的長相有些不滿，用阿德勒的話說，自卑感作祟。

有了自卑感自然要疏解，但先天的基因就是這樣，只能後天努力了，於是經過幾十年的探索、發展，獨步全球的整型產業就這麼起來了。

作為副產品，順便搞出了一流的化妝品產業。

講完友好鄰邦，講講中國自己，這些年流行一件莫名其妙的事情——減肥，之所以說這件事莫名其妙，是因為很多減肥的人，根本就不肥。

中國人的身材，是世界上最標準的身材之一——你可以去看看各國街頭千篇一律身材女性的比例。

很多女孩子，身材非常標準，看起來瘦瘦的，摸起來肉肉的。但非要弄個磅秤，三不五時秤一秤體重，長個二兩肉就如喪考妣，吃飯的時候恨不得數著飯粒，更有甚者，吃減肥藥吃得內分泌失調。

這也是身體上的自卑感在作祟，發展到極致，就是厭食症。

(2) 心理上的自卑感

一日，一個多年不見的同事打了電話給我，說他孩子很沒自信，總是感覺自己笨，學什麼都不會，在班級裡抬不起頭來，一上學就鬱鬱寡歡。

我見過這孩子小時候，古靈精怪的一個孩子，怎麼看都沒有笨蛋的潛質。

我問他是怎麼回事，他說孩子剛上學的時候成績很好，一、二年級都是好學生，三年級的時候，有一次某大學的研究生做一個科研計畫，在他們班做了一次所謂的智力測驗。

孩子得分稍微低了點，而老師也不負責任地把得分公開了，於是孩子的心靈就受到了衝擊，開始認為自己屬於智力低下的學生。

正好那一段時間的功課也有點難，孩子有點吃力，也就逐漸接受了「智力低下兒童」的身分，開始變得自卑、膽小。

後來我從孩子、老師那邊了解到，那張問卷主要調查是圖形的推理能力，一般的智力測驗，應該有圖形推理、語言理解、數字運算、邏輯推理等。

由於個體差異，每個人的單項能力是不同的，而單一項目得分並不能代表整體的智力水準。

我二話不說，找來一份韋氏兒童智力量表，當場給孩子做了一遍，得分115，穩穩地高於平均水準。

從那之後孩子逐漸找回了自信，學習成績也逐漸提高，後來被一所明星國中的資優班錄取了。

(3) 想像上的自卑感

如果說前面兩種自卑感都情有可原，那這一種，應該算是沒事找事自找罪受。

朋友L，名牌大學碩士畢業，工作能力很強，幾年前被獵頭高薪挖到一家國內知名的大型企業。

半年前打了個電話給我，說從那家公司辭職了，我覺得奇怪，因為我也曾在那家公司任職，在我看來，無論是個人能力，還是企業文化適應性，他都不應該有任何問題。

我問他辭職的原因，他給我的理由是，那是一家家族企業，重用的都是老闆的親戚和同鄉，像他這種沒有根基的空降兵，根本沒有發展空間。

我想了想，好像有那麼一點道理。

前一段時間，我遇到了那家公司的人力資源總監，談起L的事情，好像不是那麼回事。

L之前的工作經歷都是在中小型公司，一下子進入一個五百強，難免有點底氣不足。就像一個偏鄉城鎮長大的孩子，一下子來到了大都會，自認為格局、見識和能力都比同事們差一截。

另外，L一進公司就先入為主地認為自己是外來的，既不是老闆的親戚也不是同鄉，不可能受到重用，展開工作的時候總是畏首畏尾，瞻前顧後，原本雷厲風行的工作作風，也變得患得患失、優柔寡斷。

其實L的工作能力，不算多麼出類拔萃，也至少是中等偏上。

至於另一個問題，家族企業照顧親戚和同鄉是難免的，也是可以理解的，但是一旦工作遇到問題，就歸咎於自己的身分，這就有問題了。

很優秀的一人，卻非要認為自己這也不行，那也不行。

典型的沒事找事。

(4) 社會障礙的自卑感

我從二〇〇八年碩士畢業開始做人力資源管理工作，至今整整十年，在這十年裡，不敢說閱人無數，至少也見過各類奇葩，尤其有一種讓我難以忘懷——懷才不遇型。

這種人擅長怨嘆社會的各種問題，抱怨不能讓自己變得優越，埋怨老闆、企業、組織沒有給他展示才能的平台，卻從來不懂從自己的身上找一找原因。

明明自己是個庸才，還非要任性地認為自己是匹千里馬，做不好工作就是因為遇不到伯樂，於是不停地換老闆，四處找伯樂，最終一事無成。

自卑感的作用

阿德勒認為自卑感是人格發展的動力，每個人都是在自卑感的驅使下產生對優越的渴望，去獲取各種成就。

這個概念的提出和阿德勒本人的成長經歷息息相關，因為阿德勒從小就是個自卑的小孩，他透過不斷挑戰並最終幹掉自卑感，從而實現了自我。

阿德勒認為每個人都有自卑感，每個民族也有自卑感，所以古往今來湧現了那麼多成功的人，創造出那麼多燦爛的文明和文化。

自卑感在適當的條件和環境下，會驅使人們去追求優越，一個人越自卑，追求優越的動機就會越強烈。

但自卑感也不是越強烈越好，因為老祖宗傳下來一句話，叫物極必反。

自卑感一旦過度，就會產生自卑情結，從而使自己的思維變得越來越狹隘，發展到一定程度，就會產生精神異常。

補償作用

二〇〇八年北京奧運會，中國男子（不是女子）足球隊一路連克強敵、過關斬將殺入決賽，最終惜敗於巴西隊屈居亞軍。

寫到這裡，估計有人認為我不是老年癡呆就是得了妄想症。我不是老年癡呆，更沒有妄想症，只不過少寫了兩個字「盲人」，創造這個壯舉的，是中國盲人足球隊。

盲人足球，是一項非常不可思議的運動。

盲人足球運動員，都是一幫聽力過人的傢伙，他們憑藉球（帶鈴鐺的）發出的聲音，判斷足球的位置、運動軌跡、隊友和對手的跑位，完成一系列技戰術動作……

眼睛看不見，聽力強於常人，這就是阿德勒所謂的補償作用在體育領域的代表。

阿德勒認為當自卑感產生時，人們會本能地去對抗它，以滿足自己求得優越的願望，使自卑感得到疏解，這種對自卑感的對抗就叫作補償作用。

當一個人的生理上，或者其他方面存在缺陷或問題的時候，會感覺低人一等，為了緩解這種痛苦，就會努力地彌補自己的缺陷，或者發展其他方面的能力。

所謂的補償作用，就是用現在的成功，替代之前的失敗。

補償的方式有兩種，一是集中力量發展自己的劣勢，使之得到改善；二是承認自己的缺陷，轉而發展其他方面的能力。

很多傑出運動員在功成名就，回憶運動生涯的時候，都會有這樣的橋段：從小身體不好，於是就去練了某項運動，希望增強下體質，一不小心拿了世界冠軍……

矮子情結

不光在體壇，補償作用在社會中也無處不在。

為了擺脫自卑感，人們千方百計地去追求權力，想要勝過別人，希望支配別人或凌駕於他人之上。

如果你問一個職場人士，他的目標是什麼，答案無外乎升職、加薪，或開業自營，沒有幾個人會告訴你他安於現狀。

一百多年前，一個矮個子男人出生在法國殖民地科西嘉島，他自幼身材矮小，被人看不起，十歲的時候考入軍校，但因為來自殖民地，被同學視作外來者加以排擠。

自小他的心裡就有這麼一個信念：不斷往上爬，爬到至高無上的位置，凌駕於所有人之上，就能得到所有人的服從和尊重，到那個時候，沒有人敢看不起我。

在信念的驅使下，他刻苦學習，考取優異的成績，獲得同學的尊重，考入巴黎軍官學校。畢業後，他苦心鑽研軍事理論並付諸實踐，創造了威震歐洲的砲騎結合戰法。

憑藉一系列的戰功，他在法國贏得極大的個人聲譽，他發動政變，成為法蘭西第一共和國的執政官，五年後登上人生巔峰，成為法蘭西帝國的皇帝，隨後橫掃歐洲大陸，征服一個又一個國家。

這個矮子的名字，是拿破崙。

阿德勒認為，拿破崙之所以如此生猛，絕大部分出於他從幼年起就有強烈的自卑感，激發了超強的取得優越地位的慾望。

在自卑感的激勵下，拿破崙自小就不甘人後，爭強好勝這四個字伴隨了他的一生，直至他坐上萬人之上的皇帝寶座。

在他眼裡，只有獲得至高無上的權力，凌駕於所有人之上，才能實現人生的價值，才能獲得心靈的安寧。在這個信念的驅使下，他不斷地打擊、幹掉反對自己的人，不斷征服一個又一個國家。

有一次拿破崙在軍中訓話，有一個一米八幾的大個將領在下面說話，此人比拿破崙高大約一個半腦袋。拿破崙一句話就讓他閉了嘴：將軍，我希望你明白一個道理，雖然你和我的身高有一個腦袋的差距，但如果再講話，我隨時可以消滅這個差距！

拿破崙一生爭權奪利，征戰四方，為了達到自己的目的不惜發動政變，為了自己的野心，不惜把戰火燒遍整個歐洲，最終窮兵黷武，在滑鐵盧戰敗，被流放至聖赫勒拿島孤獨地死去。

後世的心理學研究者，用拿破崙的名字命名了一個非常有意思的現象——拿破崙情結，也叫矮子情結：因為個人自卑感而產生的一種心理缺憾，「患者」總喜歡在其他方面表現得強於他人。

因為自卑感有些過度，在取得常人所無法取得的成就同時，往往也有著一顆玻璃心。

過度補償

矮子情結，在阿德勒的理論體系中，叫過度補償。

所謂過度補償，是指人在克服缺陷的過程中，付出了遠遠超出需要的努力，結果得到過度，甚至誇張的效果。

過度補償一方面產生了驅使人們上進的巨大動力，另一方面也是心理問題產生的根源。

過度的補償會使人脫離現實的生活軌跡，用一種不真實的態度去應付生活的問題，他們曲解了生活的意義，歪曲了人類真實的感情，使自己陷入貪婪與孤獨的境地。

最極端的情況，就是妄想症，這種病的患者否認現實，以幻想的方式追求優越，逃避社會責任的同時，疏解自卑感而帶來的痛苦。

我有很多同學在精神病院工作，我有幸去參觀過一回，他帶我拜見了一位大神。記得那是一個滿臉鬍渣的中年男人，此人看起來非常正常，待人接物也彬彬有禮。

大神到我身邊，很親切地對我說：「兄弟，你是怎麼進來的？」

我還沒說話，大神又開口了：「兄弟別怕，我舅舅是某某某（姓名不寫了，反正就是個嚇死人的超級大人物），跟我混，我罩著你。」

此時天上一架飛機飛過（戰鬥機），大神又興奮了：「看到了沒，那個飛機就是我舅舅派來接我的……」

追求優越

寫到這裡，我們把佛洛伊德和榮格再請出來一下，回顧一下他們二位的主要觀點。佛洛伊德關注的，是內在的、由過去經歷和創傷帶來的心理衝突。榮格認為，人在衝突的同時，還受到社會、民族、文化的巨大影響。儘管阿德勒和佛洛伊德決裂，和榮格也不是很來電，但對於他們的主要觀點卻絲毫不客氣地繼承了下來。

阿德勒認為，人在受到過去經驗、當下環境影響的同時，絕大部分也被未來的目標所牽引。

每個人都被虛構的目標所牽引，不管是正常人，還是人格偏差者，不同的是正常人會根據現實來調整自己的虛構目標，而人格偏差者則會固執地堅持。

優越的定義

每個人都有自己追求的目標——哪怕是虛構的，那這個目標到底是什麼？阿德勒說：「人追求的目標其實很簡單，就兩個字：優越！」

阿德勒認為，優越包含著發展、成就、滿足和自我實現，是一種對完美的追求，是一種偉大的向上驅力，也是人生的目的。

所謂的優越，是從無到有，從有到優，從卑微到尊貴，從失敗到成功，從自卑到優越和完美。

人生活在社會中，因為現實和目標的差距，自卑感會源源不斷地產生，推動你去追求你所認為的優越，只有達到目標，才能克服自卑、獲得優越感。

這就是你每天早出晚歸、努力奮鬥的原因。

但優越感的獲得並不是一勞永逸的，現階段的目標達成，優越感滿足了，但很快就又會產生新的目標，然後產生新的自卑感，於是繼續努力，好不容易達成了，還沒喘口氣，更高的目標又來了……

借宿的時候想有間自己的房子，有了房子嫌小，換了三房兩廳又羡慕人家住別墅的，以後有了別墅說不定還想要個莊園。

目標↓自卑↓努力↓達成↓優越↓更高的目標↓新的自卑……人的一輩子就是在重複這麼一個循環，並把自己推向一個又一個高峰。

周而復始，至死方休！

幾千年前，我們的老祖宗就懂得這個道理，所以傳下來一句話，叫人心不足。

阿德勒認為，追求優越是一種內在的本能，是人們不斷進步的基礎，也是人格完善的動力。正是因為它的存在，才使我們不斷地獲取成就、超越自我，並使人格在不斷發展中得到完善。

從社會層面上講，追求優越也是社會進步的基礎，正如我們的民族，經歷了百年屈辱落後的自卑，開始奮起直追，追求原本就屬於我們的優越，開啟中華民族的偉大復興。

我們從未想過超越任何國家，只是想趕上曾經的自己。

三大層面

我曾經問一位老前輩，幸福的人生應該是什麼樣子的，他回答說：事業上有一點成功，社會上有一點地位，最重要的是家庭和睦。

我想這位老前輩一定深諳阿德勒的觀點，因為阿德勒認為人們補償自卑、追求優越的三大層面依序是社交、職業和家庭。

有的人在外面不如意，但家庭很幸福。

有的人一事無成，老婆也討厭他，但在社會上混得風生水起。

有的人，沒什麼朋友，家庭也不和睦，於是就一心撲在工作上，成就一番事業。

當然，也有的人能兼顧這三個方面，他們是這個世界上最優越，最幸福的人。

阿德勒認為人的一生中，都會不可避免地遇到這三大問題，在這個過程中，追求優越會以不同的面目表現出來，對人的生活產生重大的影響。

同時，對這三個問題的適應是否良好也是人格健康發展的重要指標。

◆社交

社交，是三大問題中出現最早的，人們透過社會交往，贏得他人的尊重，從而獲得優越感，疏解自卑。

在嬰兒期，我們要學會處理和父母的關係，要知道什麼樣的行為會得到讚許，什麼樣的行為會受到懲罰，要知道什麼時候可以撒嬌，什麼時候要閉嘴。

幼兒期，我們要學會和小朋友相處，知道什麼樣的行為會受到小朋友的歡迎，什麼樣的行為會受到排斥。

上學了，我們除了和同學們相處之外，還要學會遵守學校的規矩，服從老師的管教。面對複雜的社會，我們必須不斷學習、修正生活和行為方式，使之符合社會的要求，才能融入社會之中，獲得人們的尊重。

但是有很多人，由於種種原因，無法融入社會，他們要麼害羞靦腆，羞於主動和人交往；要麼特立獨行，與周圍的人格格不入；更有甚者對社會充滿仇恨，一心報復社會。這就是所謂的社會適應不良，甚至反社會型人格障礙，這些人透過社交很難獲得優越感，就不得不把追求優越轉向其他層面領域。

◆職業

隨著年齡的增長，職業問題也開始出現。能否使興趣與職業相適應，並在職業中發揮我們的潛能，成了新的優越標準。

我的父親退休前是中學校長，有些新分配來的老師，因為工作表現不好，經常會被叫到家裡喝茶。記得那些年裡，我最常聽到的一句話就是：「我又不想當老師，是被分配過來的……」

在那個年代，職業選擇不像現在這麼自由，很多人都是被分配而工作，一做一輩子，所以這句話，很自然地就成了工作做不好時的藉口，在那個年代，經常聽到這句話的，應該不只我父親一個。但是現在就不一樣了，絕大多數的人都是自由就業，所以這句話基本上沒人說了。

◆家庭

最後，我們來說說家庭。

社交、職業、家庭，這三大層面在不同人的眼裡，應該會有不同的排序，但如果讓我來排的話，家庭理所當然是第一位的。

但是並不是每個家庭都是幸福的，有一句話，幸福的家庭都是相似的，但不幸的家庭卻各有各的不幸。

在婚姻生活中，我們經常會見到兩類人，一種是自卑的，一種是自大的。這兩種人很難以客觀的態度面對家庭生活，而是荒謬地讓家庭關係表現為自卑感或優越感的滿足。

自卑者格外在乎另一半，為了另一半可以做任何事情，但是又格外在乎對方的一言一行，哪怕對方一個無意的動作或眼神，都會傷了他的玻璃心。有的人甚至會因為自己的不自信，而對對方疑神疑鬼，缺乏伴侶間最基本的信任。

自大者自我感覺過於優越，認為自己各方面都強於對方，自己理所當然的是婚姻生活的主導者，另一半只是自己的附屬存在，事事都要服從自己。這種人控制欲超強，個人權威不容侵犯，傲慢自大、富有攻擊性，他們生活中的伴侶，不過是一個犧牲者而已。

◆六大方向

阿德勒認為，人追求的優越儘管有很多種，但基本上都跑不出以下幾個方向：

快樂：熟悉佛洛伊德理論的同學們都應該知道，快樂是本我所遵循的原則，這個觀點被阿德勒毫不客氣地繼承了下來，認為對快樂的追求是人格發展的基礎，也是生活的目標之一。

道德：很明顯，這個觀點也來自於佛洛伊德——道德是超我所遵循的原則，阿德勒在批判地繼承佛洛伊德理論的基礎上，進一步發展了道德原則的作用，認為具有正直、善良的品性也是個人追求的目標之一。

權力與尊重：阿德勒認為，每個人在克服自卑的同時，始終在追求著權力，只有擁有了權力，才能得到社會的承認，受到他人的尊重。古往今來，多少人懸梁刺股、寒窗苦讀，只求一朝平步上青雲。

勝利或成就：我們經常會聽到這麼一句台詞：「這麼些年來，我一直在默默地努力，不為別的，只為證明我自己，證明我能行……」

知識與財富：一方面，我們追求物質上的滿足，希望能有優越的生活條件，另一方面，我們也追求精神文化生活的豐富多彩，所謂物質文明和精神文明雙豐收。

藝術與創造力：人天生追求美，而創造美的主要手段就是藝術，因此人們便透過藝術來發揮自己的創造力，表現自己的價值。

優越情結

所謂優越情結，是指人過分誇張自己的優點或條件（相貌、學歷、財富、社會地位等），藉以貶低別人，提升自己的心理傾向。

但他們自認為的優越條件，未必真正優越，從心理學角度看，這是由於自卑而表現出的一種防衛作用。換句話說，這種人表現的優越感，往往是在掩飾自己的缺陷。

一次在上海街頭，聽到兩個上海大嬸互打招呼。

「最近沒看到你，你幹什麼去了？」

「沒什麼，鄉下來了個窮親戚，沒見過什麼世面，帶她看看東方明珠，逛逛外灘！」

「哦，哪裡來的親戚啊？」

「北京！」

生活型態

我有兩個小伙伴小A和小B，小的時候他們家裡都非常窮，但他們對困難生活的看法卻完全不一樣，應對的方式更是大相徑庭。

這種大相徑庭在十餘年後，造成了兩個家庭截然不同的境遇。

小A的父母，把困難的家境歸結為社會不公、時運不濟和親友的冷漠。每當遇到困難，總是怨天尤人，當別人施以援手，也從不知感恩，而是抱怨人家幫得太少；別人家裡有點好事，就會忌妒，到處說人家閒話；誰家裡遭遇不幸了，他們恨不得敲鑼打鼓放鞭炮，巴不得人家過得比他還慘。

而小B的父母從小就教育孩子，目前的困難只是暫時的，我們有手有腳，心智健全，不比誰差，只要好好念書，努力奮鬥，就一定會有出人頭地的一天。誰幫助了他們，他們都記在心裡，有合適的機會就會回報；鄰居家有了困難，他們也會盡自己所能去幫上一把。

一晃十多年過去，小B和弟弟都考上了名牌大學，後來又讀了研究所，考上了公務員，在大城市成家立業，把父母接到身邊頤養天年，老兩口含飴弄孫，一家人在一起其樂融融。

而小A，高中沒讀完就輟學回家，不學無術，在一次械鬥中失手砍死了人，判了無期，而他的父母，至今還在家守著三間破瓦房，打零工度日。

有人說，這是病，得治！

有人說，這是報應，活該！

阿德勒說，他們選擇了不同的生活型態，所以導致了不同的結果！

生活型態的定義

生活型態，也叫活法。

阿德勒認為，每個人都在自卑感的驅使下追求優越，但是大家所處的環境不一樣，所以自認為優越的目標和追求的方式也千差萬別。

所謂的生活型態，就是在追求優越的過程中，用來解決問題、疏解自卑的方式和方法，是我們在各自的生活環境中所表現出的獨特的生活方式。

小B同學獨立自主、心存感恩，希望用自己的努力，來創造明天的幸福，所以好好念書，努力奮鬥。

小A同學心中則充斥著對社會的不滿，總想不勞而獲，所以不思進取，混一天算一天，用自欺欺人來麻痺自己，疏解可憐的自卑。

阿德勒認為，生活型態包括四個方面的內容，自我概念、自我理想、對世界的看法以及是非倫理觀念。

自我概念：我是什麼樣的人？

A：窮鬼一枚，爸媽沒錢沒本事，自己也好不到哪兒去，就是拳頭比別人硬一點。

B：家裡是困難一點，但我頭腦正常、四肢健全，不比誰差。

自我理想：我應該成為什麼樣的人？

A：反正沒什麼本事，混吃等死唄，過一天算一天，萬一哪天天上掉下個餡餅，說不定也能發個財，要是老子哪天發達了，哼哼！

B：努力奮鬥，用自己的雙手創造美好的明天，回報父母，回報幫助過我們的人。

對外部世界的看法：生活是什麼樣的？他人是什麼樣的？

A：社會是不公的，親友是自私的，未來是看運氣的。

B：社會是公平的，誰也不欠誰的，未來是自己努力創造的。

是非倫理：什麼是對的，什麼是錯的？

A：占便宜是對的，吃虧是錯的！

B：對的就是對的，錯的就是錯的，大家好才是真的好！

好了，客串到此完畢，此時你大致應該明白了，為什麼這兩位仁兄，後者事業有成家庭幸福，前者卻在上演監獄風雲。

生活型態的形成

和佛洛伊德高度重視早期經驗一樣，阿德勒也認為兒童幼年的生活經驗，對生活型態的形成有著重大的影響。

阿德勒認為，一個人的生活型態，主要形成於童年早期，即四、五歲之前。

小朋友們在生命的最初四、五個年頭裡，為了克服與生俱來的自卑感，會充分利用遺傳得來的先天條件，以及後天學到的生活經驗，不斷地解決生活中遇到的問題和困境。

有的小朋友會使用積極的方式解決，有的則習慣用消極的手段應對。

小時候，小A和小B一起在大院子裡玩，撞倒了一輛腳踏車，兩個人都被擦撞到了，小B哭著跑去叫爸爸，承認錯誤並尋求幫助；小A則拿起一根棍子猛敲腳踏車，你撞我，你撞我，老子敲死你……

在不斷應對、處理問題的過程中，小朋友們會形成一套屬於自己的策略和方法，並不斷修正而逐漸固定下來，形成自己的生活型態。

小朋友們形成什麼樣的生活型態，主要取決於各自的生活與成長環境，包括家庭、社會和學校等。

◆家庭環境

在四、五歲之前，小朋友的大部分時光是在家庭中度過的，所以在影響生活型態形成的環境因素中，家庭首當其衝。

中國有句老話，龍生龍，鳳生鳳，老鼠生兒會打洞。這句話高度重視了遺傳的重要性，這一點，是大家一致公認的。

但是，在認同遺傳基因巨大影響的同時，我們必須看到，後天的家庭環境，對孩子健康人格的形成，也有著巨大的影響。

小A同學落得牢獄生活的下場，很大程度上歸咎於他父母的教養方式。

除了父母的生活型態，還有很多家庭因素會影響孩子生活型態的形成。

社會地位：社會底層的家庭，忙於解決溫飽問題，往往會疏於對孩子的教養；中產階層一般受教育程度較高，相對比較重視孩子的教育；另外，有些處於金字塔頂端的家庭，由於物質條件過於優越，反而會放鬆對孩子個人素質的培養。

家庭結構：單親家庭、三口之家，還是四代同堂，對孩子的影響也是不一樣的。單親家庭的孩子，心靈往往比一般孩子脆弱和敏感，容易受到創傷；而和老人生活在一起的家庭，則會因為「隔代教養」而對孩子過分溺愛。

教養方式：很多家庭都會陷入兩個極端，要麼忽視，要麼過度關注，這兩種教養方式，都容易培養出問題少年。

出生順序：獨生子女一般比較自我，老大一般比較獨立，有危機意識（被搶過生意），老二則依賴性較強，甚至不思進取。

家庭氛圍：父母關係和睦的孩子有較強的安全感，容易和他人建立親密關係，反之則不安全感較強，很難建立和諧的人際關係。

◆社會環境

孟母三遷，造就了中華民族的偉大先賢，儒家思想的代表人物——孟子。在幾千年前，一位普通的家庭婦女就知道社會環境對孩子成長的重要性。

◆學校環境

今年九月份，兒子入學，就讀的是一所本市數一數二，以品格教育聞名的小學。開學之前，所有新生家長接受了一天的培訓。

校長說：「你們把孩子送到學校，但是孩子的性格和習慣，基本上都已經形成了，一旦學校生活開始，你們之前家庭教育的問題就會統統暴露出來，學校的任務，就是盡量糾正孩子們已經形成的壞習慣，幫他們培養良好的習慣，塑造健全的人格。」

他們是這麼說的，也是這麼做的，我很慶幸，把兒子送進這樣一所學校。

孩子的入學年齡是六至七歲，由於每個孩子的家庭環境、父母的教養方式都不一樣，所以生活型態也是各不相同，有的孩子能很快進入角色，適應小學生活，但有的孩子就是遲遲進入不了狀態。

有的孩子，因長期受到父母的忽視而缺乏安全感，進入學校後就很難和同學建立親密關係，無法和他人合作，心理敏感容易受傷，如果不加干預就會變得偏激、易怒，甚至會逐漸走向極端。

有的孩子，長期被父母溺愛，進入學校就會表現出自私，以自我為中心，不考慮他人感受等問題行為，而很難和同學和睦相處。

古語有云：師者，傳道、授業、解惑也！我認為在當代社會，應該加上「立心」二字，老師最重要的職責應該是發現孩子已經形成的不良生活型態，並向正確的方向引導孩子。因為健全的人格，才是孩子受用一生的財富！

孩子在出生的時候，是一塊潮溼的陶土，父母可以根據自己的想法捏成想要的陶坯。當孩子逐漸長大，陶坯逐漸變乾，想再改變形狀就不是捏捏的問題了，可能需要鑿子、刀子，或者更殘暴的工具。

當孩子長大成人，就相當於陶土燒成了陶器，想再改變形狀，幾乎是不可能的事情。

學校就是陶坯進爐燒製前的最後一道防線，應該盡最大努力，降低燒出次級品的機率。

四種生活型態

人所處的環境千差萬別，形成的生活型態也形形色色，所以有一句不大好聽的話，叫林子大了，什麼鳥都有。

雖然說什麼鳥都有，但林子裡活得比較有特色且有一定名號的，也就那麼幾隻：金絲雀、白頭鷹、鴕鳥、小燕子。

在人類看來，這些鳥的生活型態分別是索取依賴型、支配統治型、逃避躲避型、社會利益型。

但是阿德勒認為，前面的三種生活型態，都是錯誤且不健康的，只有有益於社會的生活型態才是正確且健康的。

◆索取依賴型：金絲雀

金絲雀：擁有美麗的羽毛和天籟般的歌喉，但體質較弱，生存能力差，多數情況下被人類養在籠子裡以供觀賞，所以在人類社會中，常被當作情人的代名詞。

所謂索取依賴型，就是總想著從別人那裡獲取一切，而不是透過自己的努力，所以也叫不勞而獲型。

這個別人，有可能是自己爸媽，也有可能是別人。

◆支配統治型：白頭鷹

鷹，鳥中的王者，白頭鷹，鷹中的王者。位於食物鏈的頂端，兇猛彪悍，逮誰滅誰。

這個世界上有一種人，從頭髮絲到腳趾甲蓋，每一個細胞都充斥著強烈的支配欲，熱衷於支配和統治別人。

多年前，我入職於一家集團公司，擔任人力資源部經理，公司的財務總監，是個老太太。

這位奶奶當時已經六十有餘，但其精力之旺盛，鬥志之昂揚，作風之殘暴，時至今日仍讓我心有餘悸。

本來這位奶奶已經退休，在家裡過了半年清閒日子，但沒有對手的家庭生活實在過於寂寞，於是毅然重返職場，發揮餘熱（威）。

據說她老公每個月只有一千塊零用錢，每個月的買菜錢都要做好收支清單，以備月底審計（老婆做財務的男同學當心），有一年辛辛苦苦截留了五千塊私房錢，結果被查出來了……

人生最大的寂寞，是沒有對手，老娘回來了！

重新回歸職場的奶奶儼然是女王大人的存在，把自己的手下都收拾得比孫子還乖，公司裡的其他主管，也都是說掐就掐，一個作對，掐死一個，兩個作對，掐死一雙。

所有事情，都要按照她的意思來，即便是胡攪蠻纏。身為財務總監，連老闆都怕她三分（民營企業你懂的），拿她也沒什麼辦法。

幾年後，一個風險很大的案子，奶奶不顧全公司人的反對，堅持要投資。結果砸了，公司從此一蹶不振。

◆逃避躲避型：傻鴕鳥

生活中，當我們批評逃避現實的人的時候，總會把一隻可憐的大鳥拎出來。

其實這種鳥並不弱，兩公尺多高，一百五十多公斤，體格堪比擅長搏擊的澳洲袋鼠，除了不能飛，哪一項指標都不遜色於白頭鷹。

但是每當遇到危險，這傢伙總是喜歡把腦袋插進沙子裡。

在人類社會中，也有這麼一種人，生活中需要解決的問題很多，但是無從下手，於是一切以迴避為主，用忙忙碌碌麻醉自己。

在打招呼的時候，我們經常會用這麼一句：忙什麼呢？在大多數的時候，我們會得到這麼一句回應：沒忙什麼，瞎忙呢！

一般情況下，這個回答正確的機率是非常高，因為這個世界上，瞎忙的人實在太多！

在職場上，有些人看起來整天忙忙碌碌，好像整個公司就他最忙，但工作績效平平常常，一到關鍵時刻，就消失得無影無踪。

有些朋友，整天忙得要死，打電話說不了幾句，聚會也說忙不參加，社群媒體的交友圈要麼Po加班照，要麼Po出差照，要麼就是一大堆職場加油打氣貼圖。

不知道的以為他身居要職，一秒鐘幾十萬，其實在公司裡也就是個混得一般般的小主管而已。

◆社會利益型：小燕子

如果要評選知名度、美譽度，最受人類歡迎的鳥，那肯定非小燕子莫屬。

有一句兒歌，流傳了幾十年，我爸唱過，我唱過，我兒子也唱過，猜想我兒子的兒子也要繼續唱下去：小燕子，穿花衣，年年春天來這裡……

自古以來，人們都把燕子看作吉祥之物。

小時候，家裡的屋簷上如果有燕子搭窩，老人都要喜笑顏開，千叮嚀萬囑咐我們這些調皮搗蛋的猴囝仔，不准騷擾，誰要是敢拿彈弓打燕子，老人一定會拿著拐棍追著打幾條街。

燕子以害蟲為食物，據說每個月能幹掉幾萬隻害蟲，還不跟人類搶食，對我們那是大大的有益，所以得到如此厚愛。

反觀長得差不多的麻雀，卻被列為四害差點趕盡殺絕。

在人類社會也是一樣，只有有益於社會的生活型態，才是健康、正確的，才會得到社會的認可，自己的人格才會健康發展。

創造性自我

創造性自我，個體心理學理論體系中極其重要的概念。

在生活中我們經常聽到：某某某有今天，都是自找的！如果阿德勒聽到這句話，一定會立刻爬起來為這句話瘋狂按讚。

阿德勒認為，在人格中有一種自由的成分，讓我們在各式各樣的生活型態和虛構目標之間自由選擇最有效、最適合自己的組合。

這種自由成分，就是創造性自我。

佛洛伊德堅定不移地認為人格的發展是被動的，由潛意識、本我的力量而有不同驅動，阿德勒認為人是在有意識的自我主導下，創造性地選擇自己生活型態，直接參與自己的命運，從而使人格得到發展。

所謂我的生活我做主！

阿德勒的這個觀點，影響了一大批後來的研究者，他們不再強調性本能和潛意識衝突的重要性，而是開始重視社會、文化、人際關係對人格發展的影響，據此發展成為一門新的科學——自我心理學。

其中傑出的代表人物就是我們下一篇要介紹的，八大階段心理危機理論的提出者，愛利克・艾瑞克森。

社會興趣

阿德勒認為，在自卑感的驅使下，每個人都會建立一個追求的目標，並為之形成一套獨特的生活型態，以求達到目標，獲得優越。

如果我們能透過自己的努力，逐漸縮短二者之間的距離，生活就會越來越美好，對社會就會越來越有興趣。

這就是所謂的希望。

如果二者之間的距離越來越遠，甚至逐漸變得遙不可及，就會產生一種負面、消極的心理——對社會不感興趣。

這就是所謂的心死。

吉尼係數與鍵盤魔人

說到這裡，就不得不提一個名詞——吉尼係數（Gini coefficient），這是義大利經濟學家吉尼所定義的，判斷收入分配公平程度的指標，也是國際上用來綜合考察居民所得收入分配差異狀況的一個重要指標。

吉尼係數居高不下，意味著貧富差距過大，在這種情況下，大量生活在社會中下層的人其生活型態和追求目標之間的距離勢必越拉越大。

大量的人失去社會興趣，社會越來越浮躁，各種社會問題層出不窮，心理出現問題的人也越來越多。

馬路上橫衝直撞的飆車族。

沒有底線到處亂罵的鍵盤魔人。

一言不合就老拳相向的業餘拳擊選手。

和父母一言不合就縱身跳樓的問題少年。

……

一個普通家庭的孩子，從小被老師，被父母教育要好好念書天天向上，長大之後用自己的聰明才智創造美好的生活，做一個對社會有用的人。

帶著老師和父母的教誨和期望，他們寒窗苦讀，考上大學，成為天之驕子，成為同齡人中的佼佼者，開始憧憬著畢業後的美好生活。

希望透過四年的努力，找一份好工作，買一間屬於自己的房子，娶一個自己喜歡的女孩。

四年後畢業了，驚奇地發現大學生滿地走，就業行情不如狗。

抱著一疊厚厚的履歷，到處參加就業博覽會和面試，一次次被人事機關拒絕，最後進了一個普通的小公司，拿著最低起薪的薪資勉強度日。

而家裡有背景的同學，父母早就安排好了舒服穩定的工作。

兢兢業業努力工作，希望出人頭地，可到了升職加薪的時候，輪到的都是老闆身邊的馬屁精。

心靈受到第一次衝擊。

工作了幾年，打算買個房子，數一數每個月到手的薪資，再看一看一路飆升的房價，別說頭期款了，連貸款都還不起，出租屋裡繼續窩著吧。

看著家庭條件不錯，父母贊助買了房子的同學，心靈受到第二次衝擊。

畢業三、四年，年紀不小了，該找女朋友結婚了，安排了幾次相親，一談到房子、車子，然後就沒有然後了。

情人節那天，拿著省了一個月餐費買的九十九朵玫瑰，準備向暗戀了很久的女同事表白，女神卻在收到九百九十九朵玫瑰後，上了富二代的車。

目睹著載著女神的 BMW 絕塵而去，心靈受到第三次衝擊。

我已經很努力了，但無論怎麼努力，也找不到稱心的工作，買不起像樣的房子，找不到理想的伴侶。

這輩子，就這樣吧。

於是對社會逐漸失去興趣，變得只關心自己，只有在虛擬的世界裡靠抨擊社會和他人，才能為脆弱的內心找回一絲絲可憐的慰藉。

無數的鍵盤魔人，應該就是這麼來的吧。

可恨之人，必有可憐之處。

產生的背景

社會興趣這個概念產生較晚，是阿德勒在晚年才提出的。

在此之前，阿德勒強調個人慾望的滿足，提出了「侵犯驅力」、「男性的反抗」、「權力意志」等概念，並最終發展為個體心理學的核心概念之一——「追求優越」。

由於過於強調個人慾望的滿足，阿德勒受到了很多學者的批評。

被罵得灰頭土臉之後，阿德勒開始了漫長地反省，逐漸把焦點轉移到人的社會價值上。慢慢地，阿德勒把個人和社會緊密地聯繫起來，他認為，人是社會性動物，每個人都不應該僅為自己而存在，而應該為了他人和社會。

第一次世界大戰期間的軍醫經歷，也讓阿德勒的心靈受到了極大的震撼，戰爭結束後，他一直在苦苦思索，為何會發生戰爭，如何避免戰爭。

後來，他終於找到了那把鑰匙——社會興趣。

阿德勒認為，人類幸福和社會和諧的前提是避免戰爭，而避免戰爭的前提是每個人都充分發展自己的社會興趣。

「社會興趣」這個核心概念的產生，是個體心理學的重要轉折點，自此阿德勒逐漸擺脫佛洛伊德精神分析理論的影響，開始關注人們現實的生活問題以及所處的社會環境，並最終形成個體心理學的理論體系。

什麼是社會興趣

阿德勒認為，人生來就具有關注他人與社會的潛能（請注意「潛能」二字），關注的對象，不光是自己的親人、朋友，還包括整個國家、社會，甚至整個地球。如果有一天人類的認知範圍擴展到一定的程度，說不定也會包括整個銀河系。

阿德勒把這種潛能稱為社會興趣。

社會興趣的表現形式有很多，比如說助人為樂、理解同情、默默奉獻，但其終極意義，是社會的和諧和人類的幸福。

社會興趣與心理健康

阿德勒認為，一個人是否具有社會興趣，是心理健康與否的重要指標，很多生活中的失敗者都是因為過度執迷於個人利益，而缺少了對社會、對他人的關注。

某君父母經商，家道殷實，名牌大學畢業，知名企業工作，家中有如花嬌妻和一雙兒女，怎麼看都沒有憂鬱的理由。

但是就確確實實地憂鬱了，經過了一段時間治療之後，病情有所緩解，在治療醫生的建議下，此君開始從事公益事業，每到週末都要去做義工。

半年之後，此君康復了。

一次私下聚會，此君向我們敞開了心扉：這半年的義工經歷，對自己的康復非常重要。

此君自小順風順水，什麼都不缺，一不小心就到了奔四的年齡，突然有一天他發現從小到大，一切都是父母在安排，雖說該有的都有了，但總是覺得人生少了些什麼，找不到生活的意義和自己的價值，慢慢就憂鬱了。

在做義工的過程中，此君感受到了幫助他人所獲得的成就感和喜悅，原來自己可以這麼有價值，心結逐漸打開，憂鬱也自然康復了。

其實這個治療手段的專利並不屬於那位治療師，而是屬於阿德勒。阿德勒曾提出過「十四天治癒計畫」，宣稱只要人們完全按照他的要求去做，就可以在十四天內治癒任何心理問題。

阿德勒認為，社會興趣是人生來就有的潛能。

但潛能終究是潛能，需要後天適當的環境才能夠得到發展，有很多人受到後天環境的影響，無法充分激發這個潛能，從而導致人格偏差和心理障礙。

阿德勒認為，以下幾種人，都是對社會沒有興趣的人格偏差者：精神病患者、罪犯、酗酒者、問題少年、愛滋病患者（透過不潔性交感染者）、妓女、自殺者。

以上幾類人，統統對社會不感興趣，而是僅僅對自己感興趣。

4

愛利克・艾瑞克森

艾瑞克森生平

以前公司樓下有個保全，江湖人稱老王，每次有人來訪，老王總會拋出三個非常有哲學深度的問題：

你是誰？你從哪裡來？你到哪裡去？

一百多年前，德國卡斯魯爾的一個猶太家庭裡，一個金髮碧眼的小男孩，也在苦苦思索著同樣的問題。

一九〇二年，初夏，一個猶太富商家裡，艾瑞克森小朋友呱呱

愛利克·艾瑞克森

墜地，一般來說這個時候心情最激動的，應該是孩子的老爸。

可是他那不牢靠的老爸在新婚之夜就腳底抹油，溜之大吉了。

三年後，母親改嫁，小艾瑞克森終於過起了有老爸的日子，儘管不是親的。

繼父泰奧爾多是德國籍猶太人，一名兒科醫生。儘管這個兒子不是親生的，但泰奧爾多卻視其為己出，盡到了一個父親的責任。

關於艾瑞克森的身世，父母也一直守口如瓶，但是有些事情，是瞞不住的，比如說，長相。

艾瑞克森的母親和繼父都是純種的猶太人，猶太人的相貌特徵是黑頭髮、黑眼睛、大鼻子、小矮個（有的還有點O型腿）。

但艾瑞克森偏偏是一副北歐海盜的模樣——金髮碧眼，身材高大。

艾瑞克森自小認為自己是德國人，但同學都叫他猶太人——沒辦法，誰叫你爸媽是猶太人。可是正宗的猶太人又叫他異教徒——猶太人哪有長成這副德行的。

德國同學不喜歡他，猶太孩子也排擠他，這個局面，簡直是風箱裡的老鼠，兩頭受氣。

再加上一直困擾自己的生父問題，艾瑞克森同學開始痛苦地思考：

我是誰？我從哪裡來？

我要到哪裡去

一般來說思考完前兩個問題，就要開始思考第三個。

艾瑞克森同學也不例外。

當確定泰奧爾多不是自己親生父親的時候（只要不瞎，都能看出來），艾瑞克森開始追問母親：我親生父親到底是誰？

他一次次向母親提出疑問，但直到母親去世，都沒能得到他想要的結果。

艾瑞克森只能尋求路邊社的幫助，不久之後，他得到了他想要的線索——他的生父可能是一名攝影師。

這是艾瑞克森一生中得到的唯一線索。

儘管無緣相見，但父親的影子卻無處不在，少年時代的艾瑞克森希望自己成為一名畫家，這無疑是對自己生父的認同——希望自己像生父那樣，成為一名藝術家，而不是像繼父一樣成為一名兒科醫生。

九歲的時候，艾瑞克森進入卡斯魯爾預科學校，在讀預科的八年裡，艾瑞克森學習了拉丁語、德國文學、希臘文學、物理、化學、哲學和歷史。在課外，他閱讀了大量關於社會和戰爭的書籍，也閱讀了一些關於自我衝突的古希臘悲劇。

和之前的經歷一樣，這個階段的艾瑞克森，內心也充滿著矛盾與衝突。

大多數同學都想成為醫生、律師、政客，繼父泰奧爾多也希望艾瑞克森將來像他一樣，成為一名兒科醫生，因為這才是受人尊重的工作。

艾瑞克森想成為一名藝術家，但學校卻沒有開設相關的課程。古板、教條、填鴨式的教學方式，也讓艾瑞克森感到非常難受。

猶太人的身分也讓他備受歧視，受到了大量不公平待遇。

那一段時間，艾瑞克森經常想，如果母親沒有再婚，他和生父生活在一起，那他將是一個高貴的斯堪地那維亞人（希臘神話中的高貴種族）。

可惜沒有如果。

從預科學校畢業後，繼父希望他進入醫學院，將來成為一名受人尊重的醫生，但是艾瑞克森讓他失望了。

艾瑞克森沒有選擇繼續深造，為了成為藝術家的理想，為了離父親更近一些，他拾起背包，開始了居無定所的遊歷生涯。

十餘年後，他遇到了那個宿命中的女人，用另一種方式完成了繼父的心願。

在當時的德國，像艾瑞克森一樣的人有很多，他們三五成群結伴而行，一邊遊山玩水，一邊思考社會和政治問題。幾十年前，卡爾．馬克思年輕的時候，也曾有過一段遊歷。

十七歲的艾瑞克森從卡斯魯爾出發，穿過黑森林，經過康斯坦茨湖，再回到卡斯魯爾。

遊歷結束後，艾瑞克森進入巴登國立藝術學校念書，但是沒等到畢業，就又一次拾起了背包，這一次的目的地是慕尼黑，後來又來到法、義邊境寫生，後暫居義大利。

繼父對他的行為非常不解，視其為自暴自棄，但母親卻在背後一直默默支持著他。

遊歷期間，艾瑞克森一邊思考著人生和社會的種種問題，一邊體驗著自己的「認同危機」。

在遊歷中，他逐漸發現，成為畫家的願望，只不過是因為父愛缺失而導致的錯覺，在他內心深處，並不想從事藝術工作，而且在這方面的天分也比較有限。

長久以來支撐自己的信念和理想破滅了，以後的人生該向何處去，艾瑞克森陷入了深深的迷茫。

在那段日子裡，艾瑞克森的情緒像六月天一樣陰晴不定，一會因為一個突然冒出來的想法而充滿激情，一會又因為一個挫折而變得消沉陰鬱。

在從慕尼黑到義大利的旅途中，艾瑞克森記錄下了大量的文字，這些文字既不是遊記，也不是社會考察報告，更不涉及政治問題，甚至連家人和朋友都很少提及。

他的字裡行間，透露著無限的糾結與徬徨的同時，也孕育著思想的火花。

這些文字記錄，已經具有了日後學術思想的雛形，例如下面這一段：

> 童年和青年期是交織著各種矛盾的階段；接下來是站在較高層次觀察，有比較高水準想法的中年，這個階段需要和他人的交流；最後，是走向死亡的階段，在道德圓滿中實現自我超越，充滿關愛和理解，朝向起始之本意回歸。

這就是著名的「八大心理危機」的思想雛形。

多年之後，當他回憶起這段經歷的時候，他稱這段時間的心理狀態為「嚴重的認同危機」。

艾瑞克森的一生中充滿了各種認同問題，沒有哪個心理學家在這方面的問題比他更多，包括神經兮兮的榮格在內。

幾十年後，艾瑞克森提出了西方心理學界極其重要的概念——「自我認同」，這個概念的提出，和他本人的經歷息息相關。

認同感危機的抗爭，使他出現了很多精神官能症甚至精神病的症狀，但抗爭的經歷，也讓他對自我認同有了更深刻的理解，尤其是青少年階段。

天生的老師

和佛洛伊德、榮格、阿德勒等人不同，艾瑞克森從沒有受過正規的大學教育，卻成為和他們齊名，甚至超越他們的心理學大咖。

艾瑞克森有個好友，叫布羅斯。布羅斯是個好學生，當艾瑞克森背著包在外遊歷的時候，布羅斯正在維也納埋頭苦讀，為了賺生活費，也在課餘時間做家教。

他的老闆叫柏林厄姆，這個名字你沒聽說過沒關係，因為我也沒聽說過，但柏林厄姆有個好友，你肯定聽說過——安娜・佛洛伊德。

柏林厄姆還有個老婆，叫桃樂絲，是安娜生命中最重要的人之一。當時柏林厄姆精神上出了些問題，向安娜的老爸——佛洛伊德尋求幫助，接受治療的同時，順便和佛洛伊德的女兒成為了朋友。

後來布羅斯離開維也納，向柏林厄姆推薦艾瑞克森來接替自己。帶著一顆忐忑的心，艾瑞克森來到維也納，來到了輝煌的起點。

在此之前艾瑞克森根本沒教過書，對能否勝任這份工作非常沒底，但是這個世界上，除了經驗，還有一種東西叫作天分。

天生的親和力讓他很快就俘獲了小屁孩們的心，而且他還有一項孩子特別喜歡的本領——畫畫。

有心栽花花不開，無心插柳柳成蔭，藝術家沒當成，卻在這裡派上了大用場，可見有時多一門手藝著實不是壞事。

柏林厄姆對艾瑞克森相當滿意，他隱隱預感到，這個和孩子們打成一片的大男孩並非池中之物，於是把他引薦給了安娜・佛洛伊德。

安娜．佛洛伊德

一九二七年，二十五歲的艾瑞克森獲得了人生中的第一份正式工作，成為維也納精神分析實驗學校的老師。

這所學校由安娜．佛洛伊德創辦，學生大多是佛洛伊德的病人或朋友的孩子。

據學生們回憶，艾老師高大、英俊，衣著打扮格調十足，但上課的時候有些緊張，容易臉紅，總是要喝口水或拉拉褲子來緩解緊張的情緒。

學生們都非常喜歡這個靦腆帥氣的大男孩，因為艾老師知道他們在想什麼，知道他們要什麼，和他相處起來就像知心朋友一樣沒有任何障礙。

安娜．佛洛伊德

因為和曾經飽受「認同危機」折磨的艾老師比起來，他們的道行還是淺了點，他們那點小心思，在艾老師眼裡實在不值一提。

艾瑞克森獲得了學生們的信任，每個學生都願意打開心扉，和他分享心底的情感。

我的一位老師說過，優秀的心理諮商師，是天生的。有些人天生就有理解他人並獲得信任的能力。

這種能力，在心理諮商中被稱為同理心，是建立有效諮商關係所必不可少的，是一個合格的心理諮商師最重要的能力。一開始，艾瑞克森教授美術、歷史和德國文學，在課餘時間，也到維也納大學去上課。

隨著天分的逐漸展現，艾老師得到了安娜校長的青睞，問他是否願意跟隨她學習精神分析。

艾瑞克森向安娜傾訴了自己曾經希望成為畫家的理想，不知道未來向何處去的困惑，以及對教育工作的喜愛。

安娜說：加入我們，把你的興趣和精神分析結合起來吧。

於是艾瑞克森得到了兒童分析實習治療師的職務，並接受了安娜·佛洛伊德的兒童精神分析訓練（每個月要交七塊錢學費）。

艾瑞克森一開始並不明白安娜·佛洛伊德為何如此青睞自己，對自己也不是很自信，直到有一天，他聽到了佛洛伊德對他的評價方才釋然：

「他的天分，能幫助我們的病人看得更清楚！」

安娜·佛洛伊德不光是艾瑞克森的伯樂，她的精神分析理論也深深地影響了他，他的很多觀點背後，都有著安娜的影子。

一九六四年，艾瑞克森的著作《洞察力與責任感》完稿，在扉頁上，艾瑞克森鄭重地寫下一句話：謹以此書，獻給安娜·佛洛伊德！

一九三〇年，艾瑞克森從精神分析角度研究了蒙特梭利教學法，發表了人生中的第一篇論文，並取得了一張蒙特梭利學校的畢業文憑（非全日制），他的全部高等教育到此為止。

一九三三年，艾瑞克森獲得維也納精神分析學會的正式會員資格，加入精神分析的陣營。同年為了躲避戰亂，舉家遷往丹麥哥本哈根，隨後遷居美國波士頓。

在波士頓，艾瑞克森以兒童精神分析專家的身分開了一家診所，同時在哈佛大學醫學院擔任研究員，期間曾被哈佛錄取為心理學哲學博士，但沒讀幾個月就放棄了。

在哈佛大學期間，艾瑞克森的興趣從心理異常的治療，逐漸轉向正常人的自我心理研究。

一九三六年，艾瑞克森離開哈佛，來到了美國的另一所名校——耶魯。

在耶魯大學期間，為了研究兒童情緒障礙的成因，他來到印第安人的居住地，仔細觀察印第安人撫育子女的方式，並從精神分析的角度進行了深入思考。

他發現，不同社會文化背景的人，面對同樣的問題往往會採用不同的解決辦法。

有人欺負自己的時候，歐洲的紳士們熱衷於辯解，美國的牛仔會選擇決鬥，印第安人則有可能立刻幹掉對方。

艾瑞克森逐漸認識到社會文化因素對人格形成的重要性，這個認識極其強烈地滲透到了他的人格理論之中。他的人格理論，不光關注人格發展的普遍規律，也同樣重視社會文化背景對人格發展的重要影響。

一九三九年，艾瑞克森離開耶魯大學，來到加利福尼亞大學伯克萊分校，擔任兒童福利研究所的研究助理。

在加大期間，艾瑞克森參加了一項「縱向兒童指導研究」，此項研究涉及了人的生命週期中各階段的心理衝突以及解決辦法。

正是這項研究，給了艾瑞克森清晰的思路，使他的人格發展理論脈絡逐漸清晰，在隨後出版的《兒童期與社會》一書中，艾瑞克森對認同、認同危機、心理社會性延緩等概念進行了初步的探討，關於兒童人格發展的理論逐漸成形。

一九五〇年，艾瑞克森在麻塞諸塞州斯多克橋的奧斯丁瑞格失調青年治療中心短暫工作了一段時間，從事青少年心理問題治療。

在這段時間裡，艾瑞克森接觸了大量的青少年案例，為他的「自我認同」理論累積大量的素材，很多觀點後來寫入了其知名的著作——《認同：青少年與危機》。

一九五一年到一九六〇年，艾瑞克森居住於麻省的斯多克橋，他在那裡擔任了奧斯丁瑞格中心的資深會診醫生和匹茨堡大學醫學院精神病學系教授。

一九六〇年，艾瑞克森回到哈佛大學，擔任人類發展學教授，直到一九七〇年退休。

退休後的艾瑞克森依然沒有閒著，開始投入更多心力關注各種社會問題，他的學術成果涉及當時美國眾多棘手的社會問題，如黑人的社會地位問題、單親家庭問題、社會的高速發展對青少年犯罪的影響等。

後記

曾經有位老師跟我們說過，佛洛伊德、阿德勒、榮格、艾瑞克森等人的理論，要高度重視，因為他們既是學者，又是臨床醫生。

作為臨床醫生，他們可以接觸到大量一般人接觸不到的案例；而作為學者，他們又能從大量的案例中概括出一般性規律。

艾瑞克森沒有正式的學術資歷，卻是一個優秀的臨床醫生，也是一個真正的學者，成就他的，是他堅持不懈的臨床實踐和善於總結的思維習慣。

儘管沒有受過醫學方面的專業訓練，但他的成就卻遠遠超過了絕大多數科班出身的人。

他始終堅持以精神分析的推廣與運用為己任，但他從未變成一個狹隘的專家，而是把視角廣泛地深入到歷史、政治、文化、社會生活環境的諸多方面，把精神分析作為貫穿人類發展的一種研究手段，又把人類發展的各方面因素作為精神分析研究的素材。

他的自我心理學已不再囿於精神分析的藩籬，而是與人類學、歷史學、政治學、哲學和神學聯繫起來，其聲望實際上也早已超越了國界。

一九九四年五月十二日，艾瑞克森在馬薩諸塞州與世長辭。

自我很重要

艾瑞克森的人格理論，有兩種稱呼法，一種叫心理社會發展人格理論，另一種叫自我發展人格理論。

經常有人會問，這兩種叫法哪一種更貼切？

我的答案是：都貼切！

這兩種叫法都是沒毛病的，關注點不同而已。

第一種：心理社會發展人格理論。

佛洛伊德認為，人的生物本能、早期創傷對人格的形成與發展有著巨大的影響，但精神分析學派的後繼者，逐漸開始重視社會、文化因素的作用。

「後繼者」裡包括榮格，包括阿德勒，也包括艾瑞克森。

艾瑞克森認為，個體必須和社會相互作用，才能發展良好的人格特質。一個不敢面對社會，整天待在家裡的宅男，是多多少少有些問題的。

所以，這個叫法沒問題！

第二種：自我發展人格理論。

「自我」這個字眼首次出現在前文佛洛伊德篇中。在佛洛伊德的人格結構理論中，自我是夾在本我和超我之間，遵循現實原則行事的受氣包——既要滿足本我的原始衝動，又要避免超我的嚴厲懲罰。

按佛洛伊德的說法，自我是一個悲苦的小傢伙，在猥瑣的本我和苛刻的超我面前，自我的工作有且只可能有一個——和事佬。

但在艾瑞克森的人格理論中，自我的作用要重要得多。

艾瑞克森認為，自我才是人格結構中的老大——儘管人的內心存在本我、自我和超我的衝突，但是對人格健康成長具主導作用的，是自我。

自我的作用，是幫我們主動積極地適應社會環境，勇敢地面對心理危機，解決內在的衝突，順利進入下一個發展階段。

通俗一點講，一個人要適應環境，要健康成長，是自己有意識地要求自己，制約自己。

這個叫法，點出了自我在人格成長中的巨大作用，所以也沒毛病。

艾瑞克森認為，自我的自主性，對人格的發展具有重大的影響。

所謂自我的自主性，就是自己希望人格往哪方面發展，自己希望人格具有哪方面的特質。

這不難理解，我們每個人都是活在希望之中，如果一個人連希望都沒有了，離完蛋也就不遠了，所以有一句話叫哀莫大於心死。

很多人的心理困擾，甚至異常，原因都可以歸結為以下兩類：

1. 原有的希望、願望破滅，新的希望、願望還沒有建立。

2. 在很多願望中糾結，不知道選擇哪一個。

而心理諮商師的任務，就是幫助他們在現有的認知結構中進行梳理，確定一個新的目標，從而建立新的希望。

有了希望，就會有目標；有了目標，就會有方向；有了方向，就會自我控制；有了自我控制，就能不斷完善自己的人格。

自我成長的三大條件

艾瑞克森認為，自我意識的成長和人格的完善，需要滿足三大條件，缺一不可：

1. 機體發育相對成熟，千萬不要拔苗助長，什麼年齡，給予什麼樣的刺激。

有一句話，曾經很紅，現在更紅，將來預估還會紅上很長時間——讓孩子贏在起跑線上。這句話造就了無數焦慮的家長，也催生了一大批充滿銅臭氣息的教育機構。

很多家長恨不得一夜之間把孩子培養成無所不通、無所不能、情商智商一流的人才。

於是各式各樣的早教機構遍地開花，潛能開發、德智教育、藝術特長，為了騙家長掏錢，手段用盡。

2. 自我成長，不是外力推動，而是透過外力促進自我成長。

前面提過，一個人要適應環境，要健康成長，是自己要求自己，自己制約自己，而不是別人哭著求著，打著罵著。

一個母親，望子成龍，希望孩子好好念書，將來考個好大學，於是對孩子說：孩子啊，好好讀書，不好好讀書將來要吃苦頭的……

孩子第一次聽到這話，想一想，很有道理：嗯！媽媽，我知道了！

孩子做完了作業，想看一下電視，母親又來了：孩子啊，好好讀書，不好好讀書將來要吃苦頭的……

孩子：嗯……

孩子想看一下課外書，被母親看到了：孩子啊，好好讀書，不好好讀書將來要吃苦頭的……

孩子翻翻白眼：哦！（潛台詞：我知道了，你不要煩了！）

母親還不肯罷休：孩子啊，好好讀書，不好好讀書將來要吃苦頭的……

孩子衝進臥室，把門一關！

母親衝進臥室：孩子，好好讀書，不好好讀書將來要吃苦頭的……

孩子奪門而出，離家出走了：你衝進來，我只好衝出去……

這真的不是寫小說。

因為許許多多出走甚至自殺少年的心路歷程，就是這個樣子的。

有很多父母，就是喜歡做這種拔苗助長、欲速不達的事情。不去引導孩子的自我意識成長，而是一點點地擠壓他的心理空間。

這種做法看似關心孩子，其實無能透頂，自私透頂！

3. 要有良好的社會關係。

與社會的和睦相處，是人格健康發展必不可少的條件。

但社會是現實的，充滿著錯綜複雜的利益關係，要和社會和睦相處，就必須要有一個相對成熟、完善的自我來進行調適，否則隨時會出問題。

這就是為什麼要學點心理學，因為懂一點心理學的基本規律，我們就可以有意識地調整自己的思想和行為，促進自我的成長，從而更好地適應社會。

生活中我們經常發現，有些人身體很成熟，人高馬大，但是和社會格格不入，因為心智、人格沒有發育成熟。

很多孩子一旦離開父母，進入社會，面對錯綜複雜的社會關係的時候，就會表現得不知所措，甚至讓人哭笑不得。

這樣的孩子，在人生的道路上如果遇到大一點的挫折，後果真的不堪設想。

八大心理危機

在不同的年齡階段，社會對人的要求是不同的，我舉個例子：

一個三歲的小朋友，在外面吃飯的時候大聲告訴爸爸：「隔壁桌的叔叔沒有頭髮。」這叫童言無忌。

一個十三歲的孩子這麼幹，就叫沒教養。

如果是個三十歲的「孩子」，那除了蠢之外我實在想不出更合適的語言來形容。

艾瑞克森認為，隨著年齡的增長，個人的需求、能力和社會的要求之間會不斷出現差距，從而給人帶來內心的衝突。

艾瑞克森把這種衝突稱為心理危機，並根據不同時期的特點，將人格的發展劃分為八個階段。

這八個階段與生俱來，我們一出生，就注定要按照固定的順序一一面對。

雖說吃點十全大補丸之類的能早熟點，但大體上離不開這條路，人格的發展亦然。

不管是中國人還是美國人，猶太人還是阿拉伯人，信奉的是耶穌基督還是釋迦牟尼，只要你是人類，都擺脫不了這個路術——這就是所謂的跨文化一致性。

但是每個階段到來的時間、持續長短以及解決的方式，則與社會文化因素息息相關，中國有一句老話可以完美地詮釋這個觀點——窮人的孩子早當家。

艾瑞克森認為，人格的每一個發展階段都有特定的發展任務，存在著相應的危機。危機，對企業來說，是危險＋機遇，對於人格的發展亦然。心理危機並非過不去的坎，而是重要的心理轉折點。

如果應對得當，心理危機得到解決，就可以順利向後一個階段轉換，轉換就意味著自我成長、意味著人格向前發展。從而讓我們形成積極的特質，更好地適應環境，並做好應對下一個危機的準備。

如果應對不當，心理危機得不到積極的解決，人格就會停滯不前，無法順利轉換到下一個階段。

於是形成消極的特質，造成各種人格異常，使人無法適應社會。

每一階段的危機，都是有時間段的，如果錯過了時機，以後就要花更多的時間和精力來彌補，甚至會因為無法彌補而遺憾終身。

這個觀點不光心理諮商師要明白，每一位老師和父母也都要牢記在心。

第一階段（零～一周歲）：基本信任&基本不信任

◆關鍵字：安全感

有這麼一種人，他們心裡充斥著強烈的不安全感，整天疑神疑鬼，在公司懷疑同事老闆排擠他，在家裡懷疑老婆出軌、女兒早戀，買包香菸都要懷疑人家找他的是不是假錢。

在他們眼裡，所有人都是不能相信的。稍微有個風吹草動，即使和他半點關係都沒有，都能繞上一百〇八個彎子和自己扯上點關係，找出不利於自己的理由。做事情瞻前顧後，畏首畏尾。

這種現象發展到極致，就是一種耳熟能詳的心理異常——被害妄想。

這個心理異常古已有之，比如《三國演義》中的曹操說過：寧教我負天下人，休教天下人負我。

於是幹掉恩人呂伯奢，幹掉神醫華佗，幹掉蔡瑁、張允……

身背天下罵名，頑疾無藥可醫，赤壁之戰一敗塗地……

之所以會形成如此強烈的不安全感和不信任感，多是第一階段出了問題。

這個階段從嬰兒出生開始，持續到一歲左右，此時的主要心理任務是克服基本不信任，獲得基本信任。

這段時間，嬰兒沒有生存能力，完全處於成人的支配之下，是否得到充滿愛的照料對順利度過這個危機至關重要。

了解佛洛伊德理論的讀者都知道，這個階段在佛洛伊德的理論中，叫口腔期，這段時間一定要給予孩子適宜的滿足，既不可斷奶過早，亦不可斷奶過晚。

除了給予哺乳之外，還有一項互動是很重要的——經常撫摸，透過你的撫摸，使孩子感覺到親密感和安全感。

不過需要注意的是，孩子在二十四小時之中，真正能接受你的撫摸的，也就是短短幾個小時，因為絕大多數的時間在睡覺。

說到這裡，就不得不提一下那個非常著名的心理學實驗——恆河猴實驗。

這項實驗的執行者是美國心理學家哈里・哈洛，哈洛設計這個實驗的目的，是為了驗證依戀理論。

這個理論聽起來溫情脈脈，但驗證的方式卻無比殘忍，以至於在以後的幾十年裡，討伐哈洛的聲音一直絡繹不絕，眾多的動物保護人士紛紛指責哈洛「毀了幾代恆河猴的一生」，請注意是幾代！

實驗的過程大致是這樣的：把剛出生不久的猴崽子從母猴身邊帶走，關在一個鐵籠子裡，籠子裡有兩隻假猴。

其中一個是用鐵絲做的，在胸部掛著奶瓶，內部也安裝著取暖的燈，另一個則是用布做的，但是什麼都沒有。

按照「有奶便是娘」的觀點，猴崽子應該和掛著奶瓶的猴更加親近，但是現實卻令人跌破眼鏡——除了餓得實在不行了，爬到鐵絲猴那裡猛吸幾口奶，猴崽子大多數的時間都是和布猴在一起。當猴崽子受到驚嚇，第一反應也是抱緊布猴。

後來哈洛把布猴放到另外一個籠子裡，當猴崽子受到驚嚇，寧可眼淚汪汪地看著抱不到的布猴，也不願意去碰鐵絲猴。

再後來，他在布猴身上安裝了釘槍和噴水裝置，被虐得嗷嗷叫的猴崽子，還是一次次義無反顧地奔向布猴的懷抱。

一百六十五天後，猴崽子們被放回猴群，牠們無一例外地出現了自閉、攻擊性、反社會的傾向，甚至在生育了小猴之後，也根本不知道去照顧，甚至幹掉自己的猴崽子。

而牠們的後代，也多多少少存在這些問題。

這就是撫摸為什麼如此重要。

如果得到充滿愛的照料，嬰兒的心理和生理需求都能得到較好地滿足，當媽媽離開的時候，他就會顯得很平靜，而不會焦躁不安，因為他的心中有一種信念：媽媽很快就會回來！

時間長了，嬰兒會感到所處的環境是安全的，周圍人是可以信任的，由此就會擴展為對一般人的信任——這就是所謂的一般信任。

獲得了一般信任的孩子長大以後會比較樂觀、開朗，膽子比較大，不怕挫折和失敗，充滿希望和冒險精神。因為在他的人格中印刻了強烈的安全感：沒事，我去闖，我不怕，我背後有媽媽！

如果母親疏於照料，嬰兒的心中就會充滿挫折、恐懼和懷疑，當母親離開的時候，他就會煩躁不安，害怕母親不再回來。

時間長了就會對外界產生畏懼與懷疑，在人格層面就印刻著強烈的不信任，內心深處充滿著不安全感，長大以後就疑神疑鬼，膽小懦弱，害怕被拋棄。

看到這裡，很多父母的心裡可能會咯噔一下，擔心自己偶爾的疏忽會不會給孩子的人格發展帶來負面的影響——因為再細心的父母，也有打馬虎眼的時候。

這裡我要告訴你，無妨！因為人格要健全地發展，適度不信任感是十分必要的。

往大處看，懷疑精神是人類社會向前發展的動力之一！

往小處看，這樣才不會被人賣了還幫人數錢！

◆關鍵字：母親代理人

所謂母親代理人，就是代替母親，行使養育、照顧任務的人，可能是爺爺奶奶、外公外婆，也可能是沒有血緣關係的保姆阿姨。

這個現象在當下的中國十分普遍，大多數的父母都要上班賺奶粉錢，所以只能把孩子交給老人或保姆。

白天交給代理人也就罷了，有些父母晚上回家也只顧著做自己的事情，而疏於和孩子的互動，孩子哭了餵點奶就丟在一邊，鬧了就賞個奶嘴叼一叼……

我要告訴你，如果這個時候你不和他親密互動，那他長大之後，也基本上不會理你。因為在他最需要安全感的時候，你忽視了他。

第二階段（一～三歲）：自主&羞怯與懷疑

◆關鍵字：意志力

這個階段，兒童的語言能力和運動能力都已基本具備。

他們渴望探索周圍的世界，並且有了獨立自主的要求。

這個階段，也是人生中的第一個心理反抗期。不論哪個國家的兒童，都有以下幾個常用的詞語：我，我的，不！

家中有孩子的父母，一定對以下場景不陌生：

場景一：家裡有很多零食，寶寶早就吃膩了，平時看都不看一眼，有一日家中來了客人，媽媽拿了一塊巧克力給小客人，寶寶立刻眼淚汪汪：這是我要吃的……

場景二：家裡有很多玩具，早玩膩了，大半年沒碰過，有一日，又來了個小客人，坐在那裡玩他的玩具，寶寶又撲過來：這是我要玩的……

家長把玩具拿過來給小客人玩，沒過兩分鐘，一把把玩具搶過來：不是你這麼玩的，是這麼玩的……

因為這段時間是小屁孩們自我意識的印刻時期，自己和客體是一體的，在他們眼裡，家裡的玩具是自己的，和自己的手腳沒有什麼分別。

你拿他的玩具，基本上相當於斷他的手足。

不和你拚命才怪！

這個階段，在佛洛伊德的人格發展理論中，叫肛門期。

佛洛伊德認為，這個階段是父母對孩子進行排便訓練的階段，排便訓練的嚴格與寬鬆，對孩子人格的發展有著比較大的影響。

艾瑞克森繼承了佛洛伊德的觀點，並從社會文化角度加以發展。

艾瑞克森認為，這個階段是規則的內化時期，也是意志力、堅持性的教養時期，很多孩子長大後意志不堅定，容易放棄，多是這個階段出了問題。

這個階段，父母應該以理智忍耐的精神，堅定負責的態度，循序漸進的方式引導孩子的行為。既使孩子的行為符合父母和社會的要求，又不傷害他的自信和自尊。

時間長了，孩子感覺到可以控制自己，就會慢慢形成自主感。

如果放任隨性、過分溺愛，或者嚴厲苛刻、專制獨裁，兒童就容易產生挫折感，導致羞怯和懷疑。

這樣的兒童往往缺乏自信心，懷疑自己控制生活的能力。

這是意志力訓練極其重要的階段，如果自主意識超過羞怯與懷疑，就會形成意志力，反之則意志薄弱。

特別需要注意的是，當孩子出現心理反抗的時候，一定要有技巧地處理，不要硬碰硬，以免導致他心裡產生困惑，加重羞怯感。

舉個例子：

當孩子不肯分享玩具的時候，大多數家長一般都會覺得面子掛不住，一把從寶寶手裡把玩具搶過來給小朋友，有的還會罵上兩句，脾氣不好的還會給上兩巴掌。

你的面子是掛住了，但孩子羞怯了。

你罵罵不要緊，孩子懵了：這是我的東西啊，別人拿我的東西，你還打我！這個時候，孩子就會懷疑自己的行為，於是就羞怯了。

時間久了，隨便你拿什麼東西，反正又不是我的，是你們買的，分享規則也就沒了。

正確的方式是拿另一個玩具給小朋友玩，然後耐心教育孩子，好孩子的玩具是要和朋友分享的，讓他慢慢學會分享。

這樣既不會傷到孩子，又給他建立了分享規則，兩全其美！

第三階段（三～六歲）：主動性&內疚感

◆關鍵字：好奇心和求知欲

這個階段，孩子的主要特點可以用一套家喻戶曉的書名來概括：《十萬個為什麼》。

三歲以前大腦還沒發育成熟，還沒開竅，搞不清楚狀況，手腳也還不夠靈活，想幹點什麼也是有心無力。

但這個階段不一樣了，他們已經具備了一定的運動能力和語言能力，能夠主動去探索周圍的環境，也能用語言表達自己的意圖。

這時他們就會對外界充滿好奇，所以經常動動這個、問問那個。

這個時候，成人應該好好保護孩子的好奇心和求知欲，而不是打擊與破壞。

如果父母給予孩子充分的自由，鼓勵他們主動探索外部的世界，耐心地解答他們提出的問題，這樣孩子的主動性就會得到發展，將來就能以積極主動、樂觀自信的態度面對人生。

如果父母對兒童採取否定、壓制的態度，禁止他們的探索行為，嘲笑他們提出的問題，甚至對孩子的行為橫加指責，這樣孩子就會認為自己的探索行為是錯誤的，自己提出的問題是愚蠢的，就會產生內疚感與失敗感。長大以後就會循規蹈矩，缺乏自信心和進取精神。

在小屁孩們的問題裡，有一個非常有代表性：我是從哪裡來的？

這個問題，幾乎每個小孩都問過自己的爸媽，或者和小朋友們探討過……

我問過很多人，統計了一下他們的答案，以下兩個最為常用：

答案一：從垃圾桶裡撿回來的。

答案二：從石頭縫裡蹦出來的。

這個問題回答起來有一定的難度，如果你回答是生出來的，那下一個問題肯定是怎麼生出來的……

有很多父母為了避免尷尬就亂答一通，於是就有了以上兩個隨便回的答案。

其實，當孩子提出這個問題的時候，絕對不能胡亂回答，因為這是對孩子自我認同的嚴重打擊。

別的孩子都是父母生出來的，自己是撿回來的，不受打擊才怪。

你告訴他是從垃圾堆裡撿回來的，他有事沒事就會去看垃圾桶，要搞搞清楚自己是從哪個垃圾桶撿回來的。

你告訴他是從石頭縫裡蹦出來的，他走路就愛踢石頭，看看自己到底是從哪塊石頭縫裡蹦出來的。

第四階段（六～十二周歲）：勤奮&自卑

◆關鍵字：自信心

這個階段，寶寶們面臨著人生中的第一個重大轉折——入學，他們背上小書包，戴上帽子，從幼稚園的小朋友變成一年級的小學生。

在幼稚園階段，孩子們的主要任務是玩，但在小學就不一樣了，主要任務變成學習，因為小學比幼稚園多了一樣東西，叫作考試。

進入學校之後，小屁孩們會逐漸意識到，不能貪玩了，要好好學習——於是他們開始認真學習各種知識和技能，為將來走上社會做準備。

如果能獲得成功，並獲得家長和老師的認可，孩子就會意識到：我是有能力解決問題的，有能力說話、作文、解題、畫畫、唱歌、跑步、做操，勤奮感就逐漸發展起來。

如果得不到正確的引導與鼓勵，經常體驗到失敗的苦澀，就會逐漸產生自卑感，感覺自己不如他人，將來也不能成為對社會有用的人。

在這個階段，對孩子產生重要影響的人，從父母變成了老師。

現在真正愛學習的孩子比較少，很多孩子都不是自發勤奮，而是被外力推動——被父母推動，被老師推動，被升學壓力推動。

這樣的孩子一旦到了大學，父母管不著，老師懶得管，升學壓力也沒有了，結果就只有一個——拚死拚活玩，無數的大學生就是這麼廢掉的。

第五階段（十二～二十歲）：自我認同&角色混亂

◆關鍵字：自我意識和社會角色

人格發展的第五階段，是十二歲到二十歲，這個階段，有一個孩子們嚮往，父母們心驚膽顫的名字——青春期。

這是人一生當中情緒波動最大、最不平靜的一個階段，也是最容易出問題的一個階段。

早在一百多年前，霍爾同學就用一句名言對這個階段進行了完美地形容：青少年的風暴。

多少乖孩子在這個階段變成問題少年。

多少的家庭裡，父母被叛逆的寶貝氣得七竅生煙卻無可奈何。

又有多少的孩子，因為一時的困擾，爬上高高的天台，縱身一躍。

這一切，在艾瑞克森的理論中，都有一個名詞：認同危機。

這個階段，人格發展的任務是解決自我認同問題，避免角色混亂。

所謂的自我認同，就是在前四個階段發展的基礎上對自己心理面貌進行整合：

我是一個什麼樣的人，我和別人有什麼不同，我有什麼樣的過去，應該如何面對眼前的生活，我的將來應該是什麼樣子……

白話點講，就是三大哲學問題：我是誰，我從哪裡來，我要到哪裡去！

這個階段危機的解決，和之前四個階段是否順利度過息息相關。

如果前四個階段應對得當，建立起信任、自主、主動、勤奮的特質，所想所做符合自己的實際身分，就能建立自我認同，為成年後的人格發展打下良好的基礎。

如果在前四個階段形成過多的不信任、羞怯、內疚、自卑，就會產生角色混亂，所想所做脫離實際，這就是所謂的認同危機，隨著認同危機而來的，是痛苦、焦慮、空虛、孤獨和無所適從。

很多青少年犯罪都與自我認同有關，因為在迷茫之中找不到人生的方向，與其稀里糊塗得過且過，不如幹出點驚天動地的事情刷一刷存在感。

所謂不能流芳千古，也要遺臭萬年。如果當時身邊有人能幫他釐清心中的思緒，讓他接受當下的自己，建立未來的目標，他就可以有努力的方向，雖說不一定能出類拔萃，也肯定不至於走上犯罪之路。

十二～十八歲，是最重要的興趣穩定期，孩子的職業興趣，基本上是在這個階段慢慢形成並穩定下來。在這個階段，最重要的事情，是根據孩子的興趣，對未來的職業發展進行規劃和設計。

知識補充小帖：斯坦利．霍爾——青少年的風暴

斯坦利．霍爾，心理學家、教育家，美國第一位心理學哲學博士，美國心理學會的創立者，將精神分析引入到美國的第一人，科學心理學創始人馮特的第一個美國弟子。「青少年的風暴」這句話是霍爾在他的著作《青春期》中提出的，霍爾也因此書而名聲大噪，被譽為青少年心理的科學研究之父。

作為達爾文在心理學界的又一個忠實擁護者（上一個是佛洛伊德），霍爾認為：人的心理發展大部分是由生理因素，也就是基因決定的，環境的影響微乎其微。龍生龍，鳳生鳳，老鼠的兒子會打洞——這就是所謂的遺傳決定論。

但是霍爾並沒有完全拋棄環境的作用，至少他認為環境在青少年時期對人的影響要遠大於嬰兒期和幼兒期。

按照霍爾的觀點，十二～二十三歲是一個超級不安分、不穩定的階段，他認為這個階段伴隨著無數的衝突和強烈的情緒波動，就像盪鞦韆一樣，一會感到無聊，一會又極度興奮，今天無動於衷，明天熱情洋溢。就好比一場風暴，沒有徵兆，說來就來，一來就是鋪天蓋地、劈頭蓋臉，不久之後就是雨過天晴。

第六階段（二十~二十五歲）：親密&疏離

這個階段的心理任務，是獲得親密感，避免疏離感。

這個時期，青年離開父母，走向社會，他們需要與伴侶、朋友、同事建立親密關係。如果無法建立起親密關係，就不能與他人進行思想和情感的交流，無法分享自己的快樂與痛苦，繼而陷入孤獨寂寞的苦惱情境之中。

這個階段，也是尋找異性，學會和進行「愛」這樣一種人格中最高級情感的階段，如果不懂異性之間的交往，就不能滿足高級情感的需求，就會感到孤僻和疏離。

在該談戀愛的時候談一場轟轟烈烈的戀愛，人生才是完整的。

第七階段（二十五~六十五歲）：繁殖&停滯

第七階段是成年期，是形成創造感或停滯感的時期。

這個階段的人，大多數都已成家立業，一方面承擔著社會責任，另一方面又要照顧家庭和孩子。

如果能利用自己的能力，為社會創造價值，就可獲得創造感。如果只關心個人的需要與舒適，無所事事，混吃等死，就會陷入自我專注狀態而產生停滯感。

這個階段所謂的繁殖，不僅僅是生物學意義上的傳宗接代，還擁有更廣泛的涵義。人們都希望擁有更多的知識與經驗，希望知識經驗能夠傳承下去，影響自己的孩子或其他人，並對他們有所幫助。

所以這個年齡階段的人，都非常重視一件事情：子女教育。

所以當有人請教你的時候，你會開心的不得了。

所以很多人寫文章、出書、演講、做教育訓練。

為了應對這個階段的危機，我們必須擁有足夠多的知識和經驗，因為心理危機的解決，就是不斷量變引發的質變過程，而要積累足夠多的量變，只有一個辦法，那就是不斷學習。

在今天的社會，終身學習的理念已經深入人心，但是很多人並沒有真正意識到，為什麼要終身學習。

終身學習，不光是提高自身的素質和能力，也不光是在機會來臨時做好準備，更是人格發展與成熟的內在需要。

所以聯合國教科文組織在一九八六年，就提出了那句著名的口號：學會生存、學會生活、學會做人、學會學習。

第八階段：（六十五周歲以後）：自我統整&失望

人格發展的第八階段，晚年期，這個階段，人們都會開始反思自己的一生。

如果對自己的一生有肯定的評價，覺得沒有虛度時光，未竟事業可以由下一代繼續完成，對一生不存在奢望時，就會產生一種完善感，所謂老而無憾，這就是人生的最高追求。

相反，當回顧一生，覺得一事無成，走過的道路充滿坎坷，後悔當初的選擇，重新開始又為時已晚，於是就充滿悔恨、悲哀、絕望。

有人說，真正的幸福，是年輕時的打拚勞累，換來年老時的安心，所謂老來福。

寫在最後

現在，我想問各位讀者一個問題：如果有一天你走了，你希望留給孩子什麼財富？

不同的父母會有不同的答案，無外乎以下幾種：

物質類：錢、房子、車子；職業類：安排個好工作；技能類：有一技之長，能混口飯吃；人際關係類：嫁個好老公、找個好靠山。

但我要告訴你，以上的各項統統都是靠不住的，錢，會有花完的時候；工作，會有失業的時候；技能，會有過時的時候；靠山，也會有倒的時候。

只有完善的人格，樂觀、自信、獨立、抗壓的人格，才是孩子一生的財富。

孩子有了完善的人格，對世界的看法就會樂觀，對自己也會充滿自信，可以很好地融入環境與社會，該獨立的時候就會獨立，遇到逆境的時候，也不會尋死覓活。

這才是家長真正應該給，但恰恰沒有給孩子的。

在艾瑞克森的八大心理危機中，最重要的是前五個階段，即零歲~十八歲，這是人格發展最為關鍵的階段，這段時間獲得的積極人格特質，是人一生中最寶貴的財富。

這個年齡階段處理好了，就會為人格的健康成長打下良好的基礎，反之則會埋下隱患。

每一個階段順利度過與否，與家庭環境、學校環境、社會環境息息相關，和父母、老師以及社會工作者息息相關。

所以艾瑞克森的八大心理危機理論，是本書最重要的心理學理論，它告訴我們要了解每一個階段的心理特點，要想辦法給予孩子們適宜的刺激訊息，促進孩子們的人格向前發展。

如果我們不懂孩子的心理特質，錯過了時機，就會帶來難以彌補的損失。

5

卡倫・荷妮

卡倫・荷妮生平

在開始讀這一篇之前，請大家務必記住一個大大的前提：心理學家也是人，心理學家也有七情六欲，心理學家有時也會做些不堪入目的事情。

因為本篇的內容確實有點兒少不宜。

卡倫・荷妮

卡倫・荷妮，德裔猶太人，安娜・佛洛伊德之後又一位著名的女性心理學家、精神病理學家；新精神分析學派代表人物，和阿德勒、榮格齊名的大師，女性心理學的開山鼻祖，社會心理學最早的倡導者之一。

在擁有以上頭銜的同時，她還是一個焦慮的小孩、憂鬱症患者、師門的叛徒和不稱職的母親……

焦慮自卑的童年

一八八五年九月十六日，荷妮出生在德國漢堡，父親瓦克爾斯．丹尼爾遜是個挪威大鬍子、遠洋船長。

作為一個老爸，荷爸相當不牢靠。

職業特殊，常年水上漂，難得上岸幾天。

在家時間少也就罷了，偏偏荷爸又把有限的在家時間，投入到無限討好老婆的事業上。

而且荷爸重男輕女的思想異常嚴重，從小就不喜歡這個ㄚ頭，在他眼裡，荷妮不光長相寒酸，而且笨得像頭豬。

當然，荷爸也不是什麼都不管，在某些方面，也會對荷妮「關懷備至」，比如說宗教信仰問題。

荷爸是個死忠天主教教徒，還要把那些保守的教條強行塞進孩子們的腦袋。

再加上專斷獨裁的霸道作風，荷爸給荷妮留下的印象相當惡劣。荷妮曾寫道：父親是個「虛偽、自私、粗魯而沒有教養」的傢伙，只要他在家，每個人的心情都很糟糕。

講完了荷爸，荷媽登場。

荷媽是荷蘭籍猶太人，荷爸的第二任老婆，比荷爸小十九歲。

在這裡順便提一下，猶太人是母系認定民族，只要你媽是猶太人，你就是猶太人。

荷媽是個容貌秀麗、氣質優雅的女人，家境也非常好，卻嫁給了一個性格古怪，比自己大十九歲，還整天不在家的二婚老男人。

據荷妮回憶，荷媽嫁給荷爸和愛情沒有半毛錢關係，和物質更是八竿子打不著。

所謂為結婚而結婚。這樣的婚姻自然不可能幸福，雙方的年齡、品味和社會地位的差距實在太大。

老牛非常嬌寵嫩草，對嫩草各種諂媚討好，但嫩草卻從來沒有把老牛放在眼裡，對其一直充滿著鄙視，夫妻關係非常緊張。

日子一天一天過去，老牛順利轉型為一名優秀的妻管嚴，嫩草成了家裡的女王。

按佛洛伊德的觀點，女孩都有戀父情結，荷妮是女孩，自然也希望得到父親的愛。

但她很快發現這不是個希望，而是幻想。

父親不牢靠，愛戀的對象只能轉向母親，母親在荷妮心中的地位一下子從「情敵」升級為「聖母」，變得美麗而崇高。

但是和荷爸一樣，荷媽也是個重男輕女的人，相比荷妮，荷媽更喜歡荷妮的哥哥，經常冷落荷妮。

所以小荷妮自小就有無法擺脫的自卑，認為自己是個不討人喜歡的人，而兒時母愛、父愛的雙重缺失也使得荷妮一生之中一直在瘋狂尋找可以愛和崇拜的人。

荷媽對荷爸的蔑視，以及對女性權力的追求，更是深深影響了荷妮，在荷媽的影響下，荷妮的一生都在女權主義的道路上狂飆。

了解了荷妮的童年，你或許會對她成年後的種種荒唐舉動表示一點點理解。荷妮的童年是在缺少安全感、缺少愛和不受賞識中度過的，日後她提出著名的「基本焦慮」和「基本敵意」理論，和自己童年身處高強度焦慮的家庭，並且深受其害不無關係。

成長中的女獵人

荷妮的第一個夢中情人不是外人，正是自己的哥哥。因為荷爸非常獨裁，孩子們都不喜歡他，單挑又幹不過，只能聯合起來。

敵人的敵人就是朋友，荷妮和哥哥之間建立了親密的友誼，並逐漸產生了依戀。

但這種依戀沒能保持多久——嫂子來了。哥哥整天和女朋友膩在一起，把傷心欲絕的荷妮丟在了一邊。

目睹這一切的荷妮非常失望，朦朧的好感戛然而止。

如果對哥哥的愛戀只是女孩的小心思，沒什麼亂來的舉動，那下面就有點不堪入目了。

荷妮的初戀發生在十八歲，在這之前，荷妮一直信奉著基督教的信條——婚前性行為是一種罪過，以此來對抗青春的蠢蠢欲動。

隨著年齡的增大，誘惑的增加，還有荷爾蒙的分泌，荷爸強行構築的豆腐渣防線開始變得岌岌可危，終於有一天荷妮在日記本上寫下了那句要人命的話：

「如果一個人可以承擔所有的後果，那麼把自己獻給真正愛的人並非不道德！」

信仰的防線終於崩潰，女獵人的人生就此開始！

一九〇三年的第一場雪，比以往時候來得早了一些，伴隨著雪花落下的，是一場不期而遇的愛情——一個叫恩斯特的肌肉型猛男來到了十八歲的荷妮身邊。

渴望了很久的荷妮迅速墜入了愛河，沒幾天就獻出了全部，然後，就沒有然後了。

恩斯特再也沒有出現在荷妮面前，這時荷妮才恍然大悟，這傢伙就是個騙子。

荷妮很傷心，鬱悶了一段時間，但很快就找到了藉口：那就是個沒長大的孩子，不和他一般計較！

心理平衡了！

在佛洛伊德的理論中，這叫合理化，是重要的防衛機制之一，荷妮就是荷妮，儘管那時還不是心理學家，但已經參悟了「佛」法的至高境界。

沒過多久，嚴冬過去，春天來臨，從失戀中解脫出來的荷妮也順利找到了自己的第二春——一個叫羅爾夫的音樂系學生。

小羅同學的童年過得比荷妮還慘，兩個人同病相憐，經常在一起互相傾訴，訴著訴著就抱在一起哭，然後就……

按說擁有共同語言的兩個人在一起應該是很和諧的，但偏偏就出了問題。

小羅平時不在身邊（異地戀），荷妮出軌了。

當然荷妮偶爾也會有一絲絲的內疚，畢竟這是對愛人的背叛，不過對於參悟了「佛」法至境的荷妮來說壓根就不算什麼，很快就找到了出軌的理由：完美的愛情不意味著不可以愛上第三者！

對兩個男人都難以割捨的荷妮做出了一個大膽的決定，向小羅坦白了和第三者的關係，試圖說服小羅接受一女侍二夫的終極解決方案。

小羅同學只用了十分之一秒就給出了自己的答覆：給老子滾！

沒有了小羅的牽絆，荷妮迅速和新歡在一起，這段感情維持了十個月，經過了數次分手和復合的俗套情節後宣告結束。

按照史坦伯格的愛情三角理論，完美的愛情應該包括激情、親密和承諾，但在這段關係中，明顯只有激情。

這一次，荷妮的理由是：這是個虛偽、自私又狂妄的傢伙，算了……

知識補充小帖：愛情三角理論

愛情三角理論由美國心理學家史坦伯格提出，史坦伯格認為，愛情由三個基本成分組成：激情、親密和承諾。

激情是愛情中的性慾成分，是情緒上的著迷；親密是指在愛情關係中能夠引起的溫暖體驗；承諾指維持關係的決定期許或擔保，見下圖。

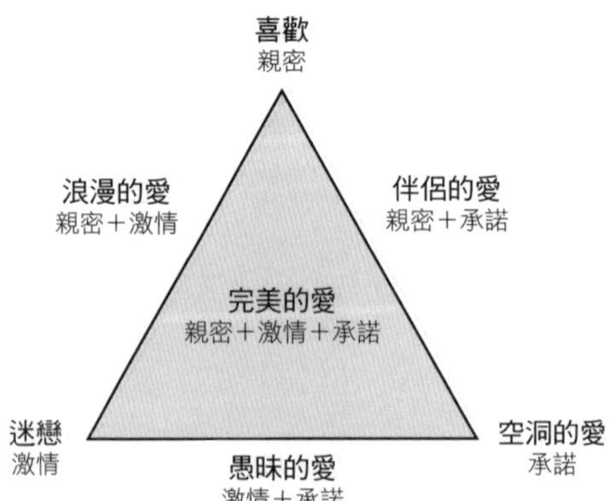

恢復了單身的荷妮自然不會閒著，很快就找到了新的獵物，這一次的獵物相當完美，既有高大威猛的身材，又有博學多才、溫文爾雅的氣質。

只不過，又是兩個人……

一個叫洛斯，猛男，一個叫奧斯卡，學者。身在曹營心在漢的大戲再一次上演。

好在荷妮還是有精神追求的，在兩個人之間周旋了一段時間之後，荷妮忍痛和猛男洛斯斷絕了關係，為奧斯卡披上了嫁衣。

但荷妮生命不息，找死之路不止。

和小羅一樣，過於溫文爾雅的奧斯卡在荷妮眼裡過於溫柔而缺少了男人的野性，得不到滿足的荷妮在經歷了短暫的消停之後，又開始了尋歡之旅。

荷妮的這段婚姻維持了十七年，一九二三年，奧斯卡身患重病，生意失敗，荷妮的弟弟也因病去世，一連串的打擊使荷妮憂鬱症復發。

一九二六年，二人離婚，結束了這段名存實亡的婚姻。

天助自助者

儘管兒時的荷妮十分不受父母寵愛，但她一直試圖證明自己，來獲取父母的肯定。所以荷妮對人生的態度一直非常積極，這是她取得日後成就的重要原因。

所謂天助自助者。

九歲的時候，在自卑與迷茫中，荷妮確定了自己的人生態度：如果我不能漂亮，我將使我聰明。在整型術還沒風靡世界的那個年代，這個選擇可謂相當明智。

可話說回來，荷妮的長相即使算不上尤物的標準，至少也是中等偏上水平。而她的智商也相當高（智商一般的也成不了心理學家），不知道荷爸爸「又醜又笨」的評價從何而來。

可見父母對孩子的看法會對孩子的一生產生多麼巨大的影響，如果換了個脆弱點的孩子，這一輩子搞不好就廢了。

十二歲的時候，荷妮生了一場大病，病癒之後對醫生這個職業產生了濃厚的興趣，立志將來要從事這個神聖的職業。

在那個年代，女權主義運動方興未艾，儘管一些舊傳統被打破，女性開始從事一些之前不能涉足的職業，但是女醫生還是相當罕見。

對於女兒的這個志向，保守的荷爸爸自然是極力反對，而超級女權主義者荷媽則是舉雙手雙腳表示贊同。

數年後，這個分歧也成為二人離婚的導火線之一。

確定了人生態度和目標的荷妮開始努力學習，加上原本就十分聰穎的天資，從小學到中學，她的成績都名列前茅，堪稱學霸。

一九〇六年，荷妮以優異的成績考入佛萊堡大學醫學系，一九〇八年轉入哥廷根大學，並於一九一三年獲得柏林大學的醫學博士學位。

卡倫·荷妮

久病終成醫

正是在讀書期間，荷妮在心靈與肉慾的無限糾結中做出了選擇，嫁給了奧斯卡，但婚後不久，荷妮的精神就出了問題。

在沉溺於出軌的同時，荷妮也經受著良心的譴責，尤其是腦海裡的基督教教義，儘管是被動接受的，卻無時無刻不在鞭笞著她的心靈。

道德上知道這樣做不對，在丈夫那裡又得不到滿足（不夠狂野），每一次荒唐之後總是伴隨著深深的失落與罪惡感。

儘管總能從「佛」法中找到原諒自己的理由，但是還是出了問題——憂鬱了。

被憂鬱症困擾的荷妮開始接受卡爾·亞伯拉罕的治療，並就此與精神分析結緣，從這個角度來說，荷妮加入精神分析的陣營，也算是移情了。

卡爾·亞伯拉罕

卡爾·亞伯拉罕是佛洛伊德的嫡傳弟子之一，經典精神分析理論的死忠擁護者。此君本來是伯格爾茨利精神病院的醫生，布魯勒院長的助手，榮格的同事，後經榮格的介紹加入精神分析陣營。

多年後，介紹人和佛洛伊德撕破臉皮、分道揚鑣，而榮格、阿德勒、荷妮等人也紛紛以因為學術觀點的分歧離開佛洛伊德、自立門戶的時候，亞伯拉罕卻頑強地堅守陣地，毫無保留地擁護佛洛伊德的全部觀點，並創立柏林精神分析學會，為佛洛伊德的學說在德國的推廣做出了巨大的貢獻。嫡系中的嫡系，死忠中的死忠，一根筋中的一根筋。

知識補充小帖：移情

移情一詞來源於精神分析學說，是精神分析的一個用語。來訪者的移情是指在心理治療過程中，來訪者對治療師產生的一種強烈的情感，是來訪者將自己過去對生活中某些重要人物的情感投射到分析者身上的過程。

諮商師有時也會對來訪者產生同樣的情感，這就是所謂的反移情。

一個早年受過繼父虐待的女孩來到心理諮商室，接待他的心理諮商師的年齡和繼父相仿，於是女孩就把對繼父的恐懼和憎恨投射到了諮商師身上，對諮商師態度惡劣，不配合治療。這就是移情。

而恰好心理諮商師童年也有過類似的經歷，於是勾起了不堪的童年回憶，於是開始和女孩同病相憐，惺惺相惜，這就是反移情。

正確處理反移情是一個合格的心理諮商師的必備技能，因為不恰當的反移情會導致諮商師喪失客觀的態度和中立的立場，而嚴重影響諮商的效果。

另外，有的諮商師，也會因為移情和反移情與來訪者建立超出諮商關係的其他關係，這在心理諮商從業準則中是絕對禁止的。

經過精神分析，亞伯拉罕認為，荷妮心目中理想的愛情是一種「飛蛾撲火」式的愛情，她心目中理想的男子既要高大威猛，又要思想高深。

荷妮在《我們內心的衝突》中寫道：

女人的願望都是矛盾的，伴侶應該很強壯但無依無靠，這樣他就能主宰我們，同時被我們主宰；既能控制自己的慾望，又十分性感；既溫柔，又狂野，既能把心思都花在我們身上，又能積極努力地投入工作。

這種男人大概只存在於肥皂劇和白日夢中。

接受完治療的荷妮對精神分析產生了強烈的興趣，於是留在了柏林精神分析研究所，接受了四年的精神分析訓練。

一九二〇年到一九三二年，荷妮在柏林精神分析研究所任教，並創辦了一家私人診所，以精神分析師的身分開業。久病終成醫。

佛洛伊德不可靠

在這段時間裡，隨著對精神分析的理解越發深入，荷妮逐漸生出對佛洛伊德理論的質疑，並且在雜誌上發表了大量駁斥佛洛伊德觀點的文章。

這一切的原因非常簡單，用五個字加一個標點符號就可以總結：男人了不起？

在佛洛伊德的理論中，有一個非常具有爭議的詞語——「陰莖嫉妒」，前文講過。

這個觀點如果是一群男人在研究，那還沒有多大的問題，畢竟那個年代男人的優越感是比較強的，但是要一個女人來接受這個觀點，那就有點問題了。

荷妮認為女人有固有的生理構造和成長規律，佛洛伊德的個人偏見是對女性的歧視！

另外，荷妮認為佛洛伊德的精神決定論也有問題，與其認為人的內心衝突是死亡本能、力必多、陰莖嫉妒等不可靠的東西造成的，倒不如去關注社會文化因素。

在這個大前提下，荷妮提出了基本焦慮和基本敵意的概念。

荷妮認為，在高強度焦慮家庭中長大的兒童，會因為不安全、不被喜愛、不被重視而形成基本焦慮，導致成年後的一些行為偏差和精神問題。

荷妮在一九二三年和一九二六年，接連發表了兩篇論文，闡述自己的觀點，駁斥佛洛伊德的理論，作為反擊，荷妮認為當男人發現女人能夠生孩子，而自己不能的時候，也會產生嫉妒。姑且稱為子宮嫉妒理論吧……

荷妮的這個互懟的觀點可謂是針尖對麥芒，彪悍無比。

作為一名優秀的學術軍閥，佛洛伊德對門人的異議一向是零容忍，榮格和阿德勒所受到的待遇便是如此。而作為小字輩的荷妮，竟敢如此明目張膽地質疑祖師爺的觀點，無異於欺師滅祖，而對於欺師滅祖的人，各大門派都有一個通用的做法——清理門戶。

遠走美國

在隨後的幾年中，荷妮不斷受到精神分析陣營中同僚的排擠和打擊，適逢弟弟去世，自己離婚。所謂的眾叛親離，大致就是這種局面，荷妮的憂鬱症又一次發作。

一九三二年，決定拋開德國一切重新開始的荷妮遠渡重洋來到了美國——應芝加哥精神分析學院院長法蘭達・亞歷山大的邀請，在芝加哥精神分析研究所擔任副所長。

從保守的歐洲，來到美帝的花花世界，荷妮如魚得水，同時也遇到了一生的摯愛——佛洛姆。

那一年她已經四十七，已經是三個孩子的母親，卻依然充斥著令男人窒息的女性魅力。

來到美國荷妮迅速在美國精神分析界擁有了一定的名氣與地位，很多年輕人出於各式各樣的目的，紛紛拜倒在荷老師的石榴裙下。

直到有一天，荷妮遇到了佛洛姆，著名人本主義哲學家、精神分析心理學家，人本主義思想的倡導者，「精神分析社會學的奠基人之一，心理學史上為數不多的將心理學、哲學、社會學融為一體的大師，終身致力於佛洛伊德經典分析理論的修正。」御姐控遇到了求愛狂，一段為期十年孽緣就此開始！

和佛洛姆在一起，荷妮不光獲得了心靈的滿足，學術上也取得了巨大的突破，在佛洛姆的鼓勵和引導下，荷妮將研究方向從女性心理學轉向精神官能症，並開始從社會文化角度解讀人格的發展。當荷妮和精神分析陣營決裂的時候，佛洛姆也默默站在荷妮身邊支持著她。

兩個人還共同培養了一位傑出的學生——人本主義心理學家，需求層次理論的提出者亞伯拉罕．馬斯洛。

在某種程度上，二人堪稱心理學界的神鵰俠侶，但是佛洛姆畢竟不是過兒，荷妮也終究不是姑姑，二人的緣分在十年之後還是走到了盡頭。

原因很簡單：佛洛姆翅膀硬了，荷妮 hold 不住了。

來到美國之後，佛洛姆在學術上取得了巨大的成就，名氣越來越大，地位也越來越高。對此，荷妮感受到的並不是欣慰，而是威脅，因為這個曾經聽話的小弟弟，已經不受自己的控制。

於是荷妮開始排擠佛洛姆，一九四三年，荷妮以佛洛姆沒有博士學位為理由，剝奪了他為研究生上課的權利，佛洛姆一氣之下出走，還順手帶走了一批同僚。

十年孽緣澈底宣告終結，分手後的荷妮非常傷心，對自己進行了深刻反思，並於一九四二年寫成了一本書——《自我分析》。

雖說沒能白頭偕老，但這對神鵰俠侶，卻是佛洛伊德理論的繼承者與改造者，今日的精神分析能在心理學界擁有一席之地，荷、佛二人功不可沒。

一九四一年，隨著和佛洛伊德理論的分歧越來越大，荷妮再也無法被美國的同仁所容忍，經過集體投票，荷妮被剝奪了精神分析講師的資格。

荷妮一氣之下自立門戶，創建美國精神分析研究所，自任所長。

一九五二年十二月四日，荷妮在紐約與世長辭。

後記

荷妮能從一群自以為是的男人中殺出一條血路，在學術上成就一番事業，和她對人生的積極態度與不懈的努力密不可分。在她之前的另一位著名女性心理學家安娜・佛洛伊德，多多少少沾了老爸的光。

而且當自己的觀點和權威相矛盾的時候，荷妮沒有選擇委曲求全，而是大膽反擊、捍衛真理，即使眾叛親離也在所不惜，堪稱彪悍。

但是在私生活方面，又是如此混亂不堪。

由於童年的缺失，找一個人來崇拜、來愛成了她一生的主旋律，荷妮一生都在尋找權威，尋找愛。

縱觀荷妮的一生，都在「理想化－期望－失望－憂鬱－超脫」的惡性循環中掙扎，至死方休。

不堪的個人生活不光嚴重損害了荷妮的個人聲譽，也嚴重影響了她在學生中的威信。混亂的師生關係甚至嚴重擾亂了研究所的工作，最終導致荷妮的學術理論後繼無人。

知識補充小帖：人本主義心理學

人本主義心理學興起於美國，顧名思義就是以人為本的心理學。

在此之前，心理學界的兩股主要勢力是以佛洛伊德為代表的精神分析學派，和以華生為代表的行為主義學派。

人本主義既反對行為主義學派把人等同於動物、只研究外在行為而不理解內在本性，又批評精神分析學派只研究精神官能症患者和精神病人，而不考察正常人。人本主義被視為繼精神分析和行為主義後，心理學界的第三股主要勢力。其主張必須從人的本性出發研究人的心理，重視人的尊嚴、價值、創造力和自我實現，把自我實現歸結為潛能的發揮。

該學派的主要代表人物有兩位，一位叫馬斯洛，另一位叫羅傑斯。

馬斯洛大家都不陌生，在前文已經介紹過他的需求層次理論，這裡講一下羅傑斯。

羅傑斯，美國人，知名人本主義心理學家、心理諮商師，一生致力於心理諮商與治療的實踐與研究，美國應用心理學的創始人之一。他認為人類天生有「自我實現」的動機，即一個人發展、擴充和成熟的趨力，它是一個人最大限度地實現自身各種潛能的趨向。據此，他提出了人格的「自我理論」以及「患者中心療法」。

精神官能症的文化觀

在開講荷妮的理論之前，我們先來介紹一下荷妮理論成型的時代背景。

如果你讀了佛洛伊德篇的時代背景和本能理論，對本篇有所期待的話，對不起，要讓你失望了，本篇沒有多少「精彩」的東西。

因為荷妮的理論成型的時候，那個讓人哭笑不得的荒唐年代已經過去了很久。

一九三三年，四十七歲的荷妮遠渡重洋來到了芝加哥，那時的美利堅合眾國正處於建國以來最糟糕的歷史時刻之一——經濟萎靡，股市崩潰，銀行倒閉，工廠關門，大量失去工作的工人走上街頭遊行示威……

這一段時間，在學校歷史課本中有個大家都比較熟悉的名字——大蕭條！民眾們承受著龐大的社會壓力，為了生活每天都在苦苦掙扎，就業、房子、糧食、醫療等方面的問題層出不窮。

於是各式各樣的心理問題也層出不窮。

這種局面讓荷妮意識到，心理衝突與其說是力必多、伊底帕斯情結等看不見摸不著的東西造成，倒不如說是社會文化因素導致的。

精神病和精神官能症

在荷妮的理論中，精神官能症是個注定繞不過去的名詞，荷妮的所有理論，幾乎都圍繞著這個名詞展開。

那麼，什麼是精神官能症呢？

精神官能症屬於輕性心理疾病的一種，是由心理因素導致的神經系統紊亂，比較有代表性的是強迫症、焦慮症、恐懼症、疑病症等。

具體症狀有焦慮、緊張、憂鬱、恐懼、胡思亂想、強迫觀念等。身體上有明顯不適，但臨床檢查又沒有任何問題。

和精神病比起來，精神官能症的症狀比較輕，患者一般能適應社會，行為也能保持在社會規範容許的範圍內，一般不會做出亂來的事情，但患者的心理功能和社會功能會受到一定程度的影響。

他們和精神病患者一般認為自己沒病的表現不同，精神官能症患者的自知力一般來說比較完整，常迫切要求治療。

王大狗，害怕出門，每次出門都很焦慮，一和人說話就臉紅冒汗腿發抖，於是到心理諮商工作室求助，這是精神官能症。

李二蛋，大冬天只穿個短褲大街上亂跑，見到女生就傻笑流口水，這是精神病。

一般來說，精神官能症患者去哪裡都可以，而精神病患者則只有一個地方可以去——精神病醫院。

精神官能症的分類

荷妮將精神官能症分為兩種類型：情境性精神官能症和人格性精神官能症。

所謂的情境型精神官能症，就是在特定的環境下，暫時缺乏應對能力所導致的，比較有代表性的就是恐懼症。

我有一個同學，身高一米八五，體重八十公斤，自幼習武，為人急公好義，經常路見不平拔刀相助，一聲怒吼就能嚇退宵小無數，站出來就是霸氣無比。

一日，在大街上偶遇，叫他過來聊兩句，只見他眼神慌張，臉色慘白，額頭上滾下巨大的汗珠，就是不敢靠近。轉身一看，我身後趴著一隻萌萌的小狗狗……

這就是所謂的情境型精神官能症——當有狗出現的時候，才會表現出來，沒有狗的時候，則一切正常，所以相處了好幾年，都不知道他有這毛病。

人格性精神官能症則不同，是由人格的偏差引起的，而這種偏差往往是童年時代形成的，比較有代表性的是焦慮症和強迫症。

荷妮比較關注的是人格性精神官能症，所以在荷妮的理論中，精神官能症一般指人格性精神官能症。

知識補充小帖：焦慮症

焦慮症，又叫焦慮性精神官能症，是一種沒有具體對象、主要感受到焦慮，同時伴有明顯自主性神經功能異常的輕型心理疾病。

這一段有點難懂，莫著急上火，聽我慢慢解釋。

所謂沒有具體對象，就是環境中壓根沒有什麼能引起焦慮的東西，而患者莫名其妙焦慮得要死。

拿恐懼症來做個對比，人家總歸有個恐懼的對象（狗、電梯……）而焦慮症根本沒有對象，或沒有個像樣的對象。

一句話概括一下，不知道焦慮個什麼勁。

所謂焦慮感受，這個好懂，就是恐懼、緊張、擔心、坐立不安、胡思亂想，感覺大難臨頭……

所謂自主性神經功能異常，就是生理上的各種症狀，比如說吃不下、睡不著、心悸、手抖、盜汗、尿頻、消化不良、呼吸困難、口乾舌燥、月經不調……

三大條件缺一不可，缺了任何一個，都沒有被診斷為焦慮症的資格。

打個比方，老闆限你三週之內拿下一個大客戶，完成不了捲鋪蓋走人，想一想每月上萬塊的房貸，兒子下個月還要交學費，老婆還等著去做美容，於是你焦慮萬分，吃不下睡不著，心跳加速、手抖冒汗、失眠尿頻。

我要告訴你，這不是焦慮症，只是重壓之下正常的心理反應，因為有明確的焦慮對象——老闆的威脅。

三個星期之後，客戶搞定了，老闆也幫你升職加薪，可是你落下了病根，一上班就焦慮得要死，持續了大半年也不見好轉。

恭喜你，這回是了。

和腸胃炎一樣，根據發作形式的不同，焦慮症也分兩類：急性和慢性。

急性焦慮症，又叫恐慌症。

所謂恐慌，就是不明原因的驚慌恐懼，沒有前奏，直接高潮。所謂發作，就是沒有任何誘因突然開始，完全不可預測。

具體表現有：強烈的失控感、瀕死感、窒息感、大禍臨頭感，同時伴有各類生理症狀如心悸、心慌、顫抖、出汗、昏厥、胸悶、頭疼等。

一般不超過一小時即可自行緩解，發病過程意識清晰，事後能完整回憶。

一般情況下，一個月至少發作三次，每次五至十分鐘，或者首次發作後擔心再次發作焦慮持續一個月，即可確診。

慢性焦慮症，又叫廣泛性焦慮，病程一般在六個月以上，具體表現有：莫名其妙地緊張或煩躁、整天提心吊膽疑神疑鬼、時刻處於高度警覺狀態，另外伴有坐立不安、自主性神經功能紊亂症狀。

關於焦慮症治療，除了心理疏導和藥物治療，還有一種訓練方法，叫放鬆訓練。受限篇幅，具體方法可諮商專業人士，在此不作詳述。

精神官能症的形成

荷妮認為，精神官能症的形成，是在人際交往中被自己擊敗的結果。我們在人際關係中，一而再再而三地得不到他人的認可，或一而再再而三地受到他人的阻礙，在這個過程中，自己把自己打敗了，於是就憂鬱、焦慮、恐懼、吃不下、睡不著。

荷妮認為在現代人的心裡，充斥著三大矛盾：

1. 競爭、成功與友愛、謙卑的矛盾。

一個小孩子，從小被老師、家長諄諄教導：在學校裡要和同學好好相處，要多讓著別人，能不爭就不爭，能不吵就不吵。

這個很正常，友愛和謙卑，是儒家思想的精髓，也是中華民族的傳統美德。

後來慢慢發現有點不大對勁：

遇到不會做的題目問同桌，同桌明明會做，卻不肯講，因為怕成績被他超過。

玩得很好的朋友，偷偷到老師那裡打他的小報告，因為期末要競選模範生。

工作了，發現所有的人都在背後說他的壞話，因為他升職加薪了。

非常矛盾，非常衝突，非常痛苦！

2. 不斷被激起的享受需求，以及追求享受中遭到的挫折的矛盾。

這一點無須多說，有一副對聯可以完美地詮釋：

上聯：世界那麼大，我想去看看。

下聯：錢包那麼小，哪都去不了。

橫批：好好上班。

3. 個人自由與實際受到的各種限制的矛盾。

每天早晨六點半，被鬧鐘吵醒，好想再睡一會兒——不行，遲到要扣獎金！

在公司被老闆臭罵，真想把辭職信甩到他臉上——不行，房貸還沒還完，孩子還要養！

好不容易請了幾天年假，躲到度假勝地想自由清靜幾天——不行，電話簡訊輪番轟炸！

實在受不了了，真想自暴自棄——這個就更不行了！

由於這些矛盾，人們就會陷入各種衝突中，於是各式各樣的心理問題就隨之而來！

精神官能症的病理學

基本焦慮和基本敵意

可能有很多同學會問，人生不如意事常十之八九，為什麼只有少數人患了精神官能症，而大多數人沒事呢？

這個問題問得非常好，答案也非常簡單，就五個字——不幸的童年。

前面講過，精神官能症形成的基礎是人格偏差，而人格偏差的形成，則和一個人的經歷，特別是早期經歷息息相關。

有些人由於特殊的早期經歷，在人格中形成了定型和型態，當成年後面臨類似情境時，內心的體驗就會比正常人強烈得多，應對不了一般人能夠應對的問題，於是就形成各式各樣的精神官能症。

在榮格的理論中，這叫情結。

需要注意的是，這類定型、型態的形成，不是在成年期，也不是在中年期——它們只是在成年期表現出來而已，真正形成的時間是童年期，甚至嬰幼兒時期。

好比早年埋下一顆定時炸彈，平時感覺不到，幾十年後遇到誘發因素，「砰」的一聲就炸了。

據統計，超過90%的精神病患者的問題根源，都是嬰幼兒、少年時期形成的創傷。所以我們只聽說過童年陰影，沒聽說過成年陰影，更沒有聽說過中年陰影。所以，我最希望小朋友的父母（或準父母），幼稚園、小學老師能讀到這本書。因為人格心理學最基本的原理，就是在嬰幼兒時期給予孩子良好的教養和科學的教育，這才是孩子一生受用不盡的財富。

基本焦慮的形成

荷妮認為，這類定型、型態的形成，往往和兒童期不正常的人際關係息息相關。童年期的家庭，如果是高強度焦慮的家庭——父母關係不和睦、很緊張，或者對孩子疏於照顧，又或者是過分嚴厲而忽視孩子的內心感受，再或者是經常打罵孩子拿孩子當出氣筒，這些都會導致孩子的內心衝突，內心衝突的結果就是基本敵意和基本焦慮。

荷妮認為，基本敵意一開始是兒童對父母的敵意，但因為吃喝拉撒都要依賴爸媽，離開爸媽一分鐘就完蛋，所以兒童不得不拚命壓抑而不敢表現出來。

隨著孩子慢慢長大，如果這種敵意一直保持和壓抑，就會泛化成對整個世界、對所有人的敵意，會感覺整個世界都是不安全的，於是孩子就會陷入焦慮之中。

一種在心中不知不覺的累積並到處蔓延滲透的孤獨和無能感；

一種自覺渺小、無足輕重、無依無靠、被拋棄、受威脅的體驗；

一種置身於一個充滿詐欺、妒忌、怨恨、背叛和荒誕的世界中的感受。

如果說精神官能症是莊稼，那這種感受就是肥沃的土地。在今後的人生中，一旦遇到坎坷、挫折或刺激，就會很容易把自己打敗，於是形成各種精神官能症。

所以荷妮稱之為基本焦慮。

精神官能症產生的需要

荷妮認為，敵意和焦慮會給人帶來痛苦和不安全感，為了緩解焦慮，人們會形成一些防衛策略，荷妮稱之精神官能症性需要。

在工作與生活中，我們經常遇到各式各樣的怪人，大千世界，芸芸眾生，各盡不同方有人間百態。

有的人整天忙著討好別人，誰對他笑一笑立馬心花怒放，不經意的一個臉色也能讓他幾天吃不下睡不著。

有的人說話尖酸刻薄，做事咄咄逼人，佛擋臭罵佛，神擋臭罵神。

有的人對人對己都要求極高，容不得有一絲絲瑕疵，弄得自己身心俱疲，身邊的人也累得要死。

有的人整天活在自己的小世界裡，我不去麻煩你們，你們也不要來找我。

……

各色人等，有的奇怪，有的討厭，有的不可理喻，但是在荷妮看來，他們都是一群焦慮的可憐人，他們所做的一切，只不過是在緩解心中的焦慮而已。

◆依戀友愛和讚許的精神官能症

具體表現為：不加選擇地取悅他人，不加選擇地希望獲得他人的愛與認可；抬高他人，貶低自己，視他人的願望和意見高於一切；害怕自作主張；害怕別人的敵意，也害怕自己對別人產生敵意。

友愛和讚許，不光對人格異常者，對每個人來說都是非常重要的。

我們每個人都是透過不斷得到別人的認同來使自己的心理空間逐漸擴大，從而使自己的人格得到成長，這一點對小朋友來說尤為重要。

兒童期的孩子，要不斷地給予關愛與認同，才能使孩子的心理空間不斷擴充，從而形成良好的人格特質。

如果經常受到忽視、打擊、懲罰，孩子的心理空間就會越來越小，長大後就應對不了正常人能夠應對的事情或刺激。

為了緩解焦慮，就會形成非正常的應對方式，於是造成人格異常。

我們經常說，對孩子要少一點訓斥和打罵，多一點鼓勵和認同，就是這個道理。

◆依戀求助於人生伴侶的精神官能症

具體表現為：完全以伴侶為中心，似乎夥伴能滿足他對生活的所有期望；過分高估愛的力量，將愛視作解決一切問題的法寶；害怕被拋棄，害怕孤獨。

很多年前見過一個案例。

主題非常簡單：為情所困、割腕自殺（多次）。

一個二十多歲的女孩子，因為和男朋友分手割腕，被家人發現送進醫院急救。在搶救室裡，醫生當場震驚，因為女孩的手腕已經割得面目全非。

女孩從十六歲開始戀愛，對每一段戀情都百分百投入，對每一個戀人都死心塌地，為了他們願意做任何事情，但每一個男朋友最後都忍受不了離她而去。

最近的一次分手，因為女孩看到男朋友和別的女孩子說了幾句話，就大鬧一場，和前面幾任的分手理由也大致如此。

經了解，女孩是家中老大，五歲那年，父母生了個弟弟，於是父母的精力都轉移到了弟弟身上，再加上本來就有點重男輕女，對她逐漸忽視了起來。

女孩渴望找回之前被愛的感覺，卻一直求之不得，直到十六歲那年遇到了初戀男友，從男友身上，女孩找到了缺失多年的愛。

在女孩眼裡，男友是他生命中最重要的人，只要和他在一起就什麼也不怕，為了和他在一起，女孩頂著老師和父母的壓力，甚至不惜和父母鬧翻。

但在內心深處，女孩又非常害怕失去男友，她開始關心他的一舉一動，不允許男友和別的女孩交往，甚至男朋友和別的女孩打個招呼都會讓她傷心好幾天。

終於有一天男友忍受不了離她而去，傷心欲絕的她在手腕上刻下了第一道傷痕。

之後女孩就開始一次次重複以上的情節，直到這一次被送進醫院。在這女孩眼裡，伴侶能夠滿足她對生活的所有期望。對於她來說，伴侶就是她生活的中心和人生的全部。

她過分高估了愛的力量，在愛情面前，把自己澈底迷失。因為太在乎，所以害怕被拋棄，害怕再次變得孤獨，於是變得自私、敏感、多疑，於是沒有男人受得了。

◆**依戀權力的精神官能症**

具體表現為：渴望支配他人；不尊重他人的個性、尊嚴和感情，只關心他人是否服從自己；盲目崇拜強者，鄙視弱者；害怕局面失去控制，害怕自己軟弱無力。

◆**依戀個人景仰的精神官能症**

具體表現為：極端自戀，熱愛恭維，對自己的評價依賴於別人的稱讚。

◆依戀社會承認的精神官能症

具體表現為：對一切人或事物都僅僅根據社會聲譽去評價；完全依靠公眾接受的情況來評價自己；以傳統或反叛的方式去激起羨慕或讚揚；害怕失去稱讚。

關於這一型精神官能症需求，也可以用一句話來概括：死要面子活受罪！

◆依戀利用、剝削他人的精神官能症

具體表現為：評價別人的主要依據是他能否被利用；剝削的對象除了金錢還包括性、思想和情感；以巧妙地利用別人為自豪，害怕被利用成為傻瓜。

◆依戀抱負和成就的精神官能症

具體表現為：希望擊敗別人，執著、充滿焦慮地追求成就；擔心失敗，視之為恥辱。

◆依戀自己狹隘生活圈的精神官能症

具體表現為：沒有奢望，容易滿足，壓抑自己的抱負和物質慾望；保持沉默，不引人注目，處於從屬地位；過分謙虛，貶低自己的才能和能力；害怕提出任何要求，害怕產生和表達奢望。

◆依戀自足和獨立的精神官能症

人生活在社會中不可避免地要和周圍的人發生關係，並和一部分人親密相處。有些人，因為某些原因，或許是被忽視，或許是被傷害，害怕和別人建立親密關係，只有生活在一個人的世界裡才能得到內心的安寧。

◆依戀完善和完美無瑕的精神官能症

具體表現為：執著地追求完美；對可能存在的缺點反覆思索和自責；由於完美而覺得自己超過別人，從而形成優越感；害怕發現自己的不足，害怕出錯，害怕被批評或指責。

精神官能症人格

人生在世，總有各式各樣的心理需要，友愛、讚許、陪伴、隱私、權利、聲望、成就、完美、節儉都是人之常情。

有心理需要是正常的，沒有心理需要的只有兩種：一種是死人，另一種是植物人。不同的是，正常人會根據客觀條件的變化選擇不同的需要來滿足，而精神官能症患者則偏執地選擇某一種或少數幾種。

而這種選擇是潛意識不由自主的。

就好像冰箱裡有雞魚肉蛋、生猛海鮮，正常人一般都會換著花樣吃，如果你非要一天三頓啃鹹菜，膩死你也是活該。

所以，需求本身並沒有問題，問題出在人的身上。

對精神官能症需求依戀的固執選擇，會使人形成異常的行為方式，荷妮稱之為精神官能症人格。

荷妮認為，精神官能症人格有三種：順從型——接近人，攻擊型——對抗人，退縮型——迴避人。

◆順從型——接近人

這種人專注於友愛與讚許、人生伴侶以及狹隘生活圈子的需要。主要特點有：

缺乏自信，甘當綠葉，感覺身邊的人都很強大，而自己渺小可憐；傾向用別人對自己的看法來評價自己，自我評價隨他人的褒貶時高時低；缺乏安全感，用一味地討好與順從來獲取安全感。

◆攻擊型——對抗人

這類人對權力、剝削、聲望、個人崇拜、成就、野心等精神官能症需要比較執著，主要特點有：

信奉叢林法則，認為只有強者才能生存，必須牢牢控制別人，掌握主動；熱衷名利，希望在人群中脫穎而出；處事功利，熱衷利用他人達到自己的目的；壓抑感情，不願為感情浪費時間；好鬥但輸不起。

這種人往往在人畜無害的外表下，隱藏著一顆老謀深算的心，他們的安全感來自對他人的控制，認為只有擁有權力，才沒有人能夠傷害自己。

◆退縮型——迴避人

這類人的主要精神官能症需要是自立、自足以及完美無瑕，主要特徵有：離群索居，凡事以逃避為主，疏遠一切人包括自己；保持與一切人的距離，既不合作也不爭鬥，自己的心理空間一律閒人免進；限制自己的慾望，多有無欲無求之感；凡事力求完美，避免他人指責。

這種人認為只要遠離人群，就沒有人能夠傷害自己。

前一段時間，我一個朋友問我，說兒子每天晚上回到家裡既不理爸爸，也不理媽媽，是怎麼回事？

我問他，不理你們那他理誰，他說理狗……

我問他多長時間了，他說大半年了，原來孩子上了國中之後升學壓力比較大，他們兩口子也比較焦慮，對孩子的嘮叨、訓斥就多了不少。

我說：「你想知道孩子為什麼不理你們只理狗嗎，因為狗不會罵他，而且還會對他搖尾巴，是你的話你喜歡誰？」

因為升學壓力，父母必然會有焦慮，每個父母在嘮叨、訓斥孩子之前都應該好好考慮一個問題：你的嘮叨、訓斥到底是真正為了孩子好，還是只是在緩解自己的焦慮。

一番訓斥之後，自己的焦慮緩解了，但孩子的焦慮加深了，焦慮加深的結果要麼對抗，要麼迴避，要麼討好。

很多問題少年，都是這麼來的。

精神官能症的自我

「自我」一詞出自佛洛伊德的人格結構理論，佛洛伊德將人格的結構劃分為自我、本我和超我，而荷妮卻對佛洛伊德的這一觀點嗤之以鼻，認為人格是完整的動態的自我。

這裡所說的自我，並不是人格的某一部分，而是整個人格。

荷妮認為，自我的存在有三種形式：真實自我、理想化自我、現實自我。

真實自我：指人潛在的能力，是每個人成長、發展的內在力量，只要身體健全、環境適當，就有可能發展為正常的人格，所以又叫可能的自我；

理想化自我：個體在腦海中虛構的自我，即自己希望自己成為什麼樣的人，但大多數人的虛構往往都是不可能實現的，所以又叫不可能的自我；

現實自我：此時此地身心存在的總和，當下的自己。

用三句話來概括一下這三個自我：我能夠成為什麼人、我希望自己是什麼人、我現在是什麼人。

對於正常人來說，這三個自我之間是和諧統一的，對於精神官能症患者來說，這三個自我是分裂、衝突的，他們會脫離真實自我、現實自我去不切實際地追求理想自我，甚至排斥、憎惡現實自我。

有人說，憂鬱症患者大多是完美主義者，從這個角度來看是比較有道理的，一個人要求自己的各方面完美、所處的社會環境完美，相處的伴侶完美，但是在現實生活中哪有這麼多的完美。

於是就無法接受現實自我，於是就想不開，於是就憂鬱了。

基本衝突

荷妮認為，人生活在世界上，內心不可避免地存在各種衝突：各種精神官能症依戀需要之間的衝突、對待他人的三種方式之間的衝突，以及三個自我之間的衝突。

這些衝突都是在基本焦慮的基礎上形成的，所以荷妮稱之為基本衝突，為了解決內心的衝突，人們形成了三種策略：自謙、誇張、放棄，分別對應接近人、對抗人、迴避人的行為方式。

回頭看一下荷妮的理論基本思路：人如果生活在矛盾的社會文化和失調的人際關係中，就會因為安全感的缺乏而導致基本敵意和基本焦慮，為了克服基本焦慮就會產生精神官能症依戀需求，進而形成異常的人格和行為方式。

而異常的人格和行為方式往往會把人帶入新的衝突，於是會去尋找新的解決策略，陷入新的焦慮和衝突，周而復始、至死方休。

高寶書版集團
gobooks.com.tw

新視野 New Window 233
極簡心理學：
5位心理學大師的成長故事，看見精神分析的思想亮點

作　　者　月半彎
特約編輯　梁曼嫻
助理編輯　林子鈺
封面設計　林政嘉
內頁設計　賴姵均
企　　劃　方慧娟

發 行 人　朱凱蕾
出　　版　英屬維京群島商高寶國際有限公司台灣分公司
　　　　　Global Group Holdings, Ltd.
地　　址　台北市內湖區洲子街 88 號 3 樓
網　　址　gobooks.com.tw
電　　話　(02) 27992788
電　　郵　readers@gobooks.com.tw（讀者服務部）
傳　　真　出版部　(02) 27990909　行銷部 (02) 27993088
郵政劃撥　19394552
戶　　名　英屬維京群島商高寶國際有限公司台灣分公司
發　　行　英屬維京群島商高寶國際有限公司台灣分公司
初版日期　2021 年 10 月

原書名：極簡心理學：精神分析的那些事兒
本作品中文繁體版通過成都天鳶文化傳播有限公司代理，經天津當當科文電子商務有限公司授予英屬維京群島商高寶國際有限公司臺灣分公司獨家發行，非經書面同意，不得以任何形式，任意重製轉載。

國家圖書館出版品預行編目（CIP）資料

極簡心理學：5 位心理學大師的成長故事，看見精神分析的思想亮點 / 月半彎著 . -- 初版 . -- 臺北市：英屬維京群島商高寶國際有限公司臺灣分公司，2021.10
面；　公分 . --（新視野 233）

ISBN 978-986-506-249-1（平裝）

1. 心理學　2. 精神分析學　3. 世界傳記

170　　110015494

GOBOOKS
& SITAK
GROUP©